中國妖怪故事
雜怪篇
管家琪◎文
LOIZA◎圖

前言

熱鬧紛陳的妖怪世界

中國靈怪傳奇由來已久，最早是起源於上古神話時代的圖騰崇拜，以及自然崇拜，基本精神就是「萬物有靈，物老成精」。《山海經》裡就有一大堆動植物的靈怪，到了秦漢之際，當時的社會氣氛比較特別，巫風很盛，無形之中也促進了靈怪傳奇的發展。不過，就文學角度而言，一般學者都公認靈怪故事是到了唐代以後才真正的成熟，從「志怪故事」的層次一躍而成為文學性濃厚的「傳奇」了。

而細數中國靈怪傳奇故事，我們會發現動物靈怪的作品明顯的占了大多數，有學者甚至估計占了三分之二，其他才是植物靈怪、器物靈怪（譬如鏡子、枕頭等

等），和一些不易歸類的雜怪。

想來這和童話寫作有些類似；在童話故事中，也是以動物為主人翁的作品要占大多數。分析其中原因，大概無非是因為動物本身能跑能跳，能在天上飛，能在水裡游，還能發出聲音，能有動作，甚至好像還會有表情，跟人類的感覺最為接近，好像天生就有一定的靈性，用來作為故事的主人翁似乎是很順理成章的。同時，動物與人類接觸和相處的機會也很多，人類對於動物無論是外表或是習性的觀察也很容易，而在看得多了、觀察細膩之後自然也很容易激發想像。

無怪乎廣義上的「童話」一直都是包含了神話、民間故事以及靈怪故事，我們現在概念中屬於「兒童文學」中的童話那還是近代形成的。想來無論是成人或兒童其實都很需要童話，同時，想像力也是我們與生所俱來的一種能力。

這一套「中國妖怪故事」系列一共分成三本，分別是《中國妖怪故事：動物篇》、《中國妖怪故事：植物與器物篇》以及《中國妖怪故事：雜怪篇》，取材自《搜神記》、《太平廣記》、《醉茶志怪》、《子不語》、《續子不語》、《南皋筆記》、《廣群芳

譜》、《幽明錄》、《淞隱漫錄》、《二刻拍案驚奇》等，我們用說故事的方式，把中國妖怪故事做了一個系統化的整理以及說明，不過對於故事本身都做了一些處理，在保留原來的情節架構之餘，有的是在文字上更淺白些，有的是在敘述上希望能夠更生動些，有的是把其中嚴重的漏洞稍做補強，當然，更多的改編還是為了處理成適合讓小朋友以及青少年朋友閱讀。希望大家喜歡。

自然界的妖怪

鬼

喜歡老實人的精怪

各式各樣的雜怪

自然界的妖怪

中國妖怪故事，我們介紹了動物類、植物類、器物類等等妖怪，也許你會說，應該差不多了吧，應該都講完了吧，實際上，遠遠還沒有呢！就像中國民間故事幾乎是方方面面涵蓋了老百姓的生活，舉凡名山大川、山林小溪，每一種樹木、每一朵花，每一個食物和東西，幾乎都有一個所謂的典故一樣，妖怪故事的種類之廣，也很令人驚嘆。

石妖

我們先來介紹幾個「石妖」（沒錯，石頭也可以是妖怪）。

在《聊齋誌異》裡有一個很特別的故事，叫做〈石清虛〉，講一個名叫邢雲飛的人與一塊奇石的故事，那塊奇石在化為男子時自稱是「石清虛」。《聊齋誌異》的作者蒲松齡在創作這個故事的時候想必是吸收了不少傳統靈怪故事中關於石妖故事的營養。很多石妖的故事

都像〈石清虛〉一樣，妖氣不濃，反倒還有一些仙氣，或許也是因為「仙」與「妖」的分際本來就是有些模糊的吧。

說起來在中國妖怪故事或是靈怪故事中，關於石頭的故事還真不少，而且有些都還與歷史人物牽扯在一起。在這裡我們就舉兩個例子。都是出自《太平廣記》。

傳說在上古神話時代，當賢明的堯還在做皇帝的時候，有五顆星飛降在人間，其中一顆是土星，墜落在谷城山下，化為圯上老人。（「圯」這個字的意思就是「橋」。）

圯上老人跟歷史上哪一個人物聯繫在一起呢？答案是西漢的開國功臣之一，也是漢高祖劉邦的重要謀臣，那就是張良。

傳說，圯上老人傳授給張良一本非常重要的兵書，並且告訴張良：「你只要好好把這本書讀好、讀通，就可以成為帝王之師，成就一番了不起的事業，將來功成之後再到谷城山下來找我。」

怎麼找呢？圯上老人的指示是：「只要見到一塊黃石，那就是我。」

後來，張良果然輔佐劉邦建立了漢朝，並且功成身退，到谷城山下去尋找當年送他兵書的老人。他找了又找，找了半天，果然在山麓上發現一塊奇特的黃石。

張良從此就把這塊黃石珍藏起來。

又過了一段時日，張良退隱在商山，跟著有名的「商山四皓」學道，然後就不知所蹤了。他的家人到處找他，怎麼都找不到，便將張良的衣服和那塊黃石一起埋葬。據說後來很多人都看到在張良的墓地上空有一股高達幾十丈的黃氣。

這個故事的篇名叫做〈黃石〉，無怪乎後人把「圯上老人」又稱為「黃石老人」。

傳說在天寶年間，唐玄宗在長安修建玄元廟，裡面要供奉一尊太上老君的神像。

一天夜裡，唐玄宗做了一個夢，夢中有一個神仙親自告訴他，在太白山北邊山谷中有一塊玉石，可以拿來雕塑太上老君的神像，同時，神仙還特別交代，「有紫氣籠罩的地方就有玉石」。

第二天，唐玄宗馬上就派人去終南山的北邊尋找。

也許你會覺得奇怪，夢中的神仙不是說要去太白山找玉石嗎？為什麼唐玄宗會派人去終南山？那不是就找錯了嗎？其實啊，「太白山」就是「終南山」；因為「金星」又叫做「太白星」，傳說金星的精靈墜落人間，就落在終南山，因此古人都把終南山又稱作「太白山」。

唐玄宗派去的使臣一到終南山，就聽到地方上很多人在談論一件奇事，說最近這十天以來，有一個地方的上空始終有一股紫氣，遲遲不散。

使臣心想，這不正和皇上告訴自己的情況一模一樣嗎？於是馬上就到那個地方去尋找，果真找到一塊巨大的玉石。

這塊玉石被運回長安以後，由工匠雕成一座高兩丈多的太上老君神像，後來就供奉在新落成的玄元廟裡。

這個故事叫做〈太白精〉。帶著一個「精」字，通常都會作祟，但是這個故事卻有點例外，只不過是要指點唐玄宗該上哪兒去找適合雕成神像的玉石罷了。

在好些關於石頭的故事中，那些石妖或是石怪，是會自己找主人的。譬如在《南皋筆記》中有這麼一個叫做〈水晶石記〉的故事。

話說清朝宣統年間，在一個小地方，有一個漁夫。

有一天，當漁夫正在江邊打漁的時候，遠遠的看見有一塊石頭在江中漂浮。

漁夫的心裡感到非常詫異，石頭怎麼會在水上漂浮呢？再說，這塊石頭居然還光華四射，把江邊的水映照得非常的清澈明亮。

漁夫連忙把石頭打撈起來，發現原來是一塊水晶石，個頭不大，只有八寸見方。

但這麼一塊小小的水晶石，在漁夫興高采烈的捧回家以後，當天夜裡，家裡就像裝

了什麼特殊的照明設備一樣，燈火通明，左右鄰居都驚訝的跑來欣賞，並且讚不絕口，紛紛祝賀漁夫得到了寶貝。

消息愈傳愈廣，有一天，來了一個人，跟漁夫說：「這石頭確實是一個寶貝，可是，你這麼窮，要這麼一個寶貝有什麼用呢？要知道，平凡人如果突然不勞而獲得到一大筆意外的財富，反倒有可能會禍從天降呢。」

漁夫聽了，心裡有些害怕，就問那怎麼辦？

這人就說，自己願意拿出百金來買下這個寶貝。

漁夫一聽有這麼多錢，很高興，馬上答應，還很精明的要求一定要「一手交錢，一手交貨」，這個人也同意了。

不料，就在那個人真的以百金買下這塊石頭，然後懷揣著石頭離去，在經過江邊的時候，那塊石頭突然從他的懷裡一躍就跳回江裡了！

這人急急忙忙趕緊再去撈，卻怎麼也撈不到了。

看來，這塊水晶石就是喜歡漁夫，不喜歡這個有錢人啊。

在〈水晶石記〉這個故事中，那塊水晶石好像有些害羞，沒做什麼特別的事，現在我們再講另外一個石頭的故事，這個故事叫做〈白石精〉，是出自《子不語》裡的故事，從這個故事的名字，大家應該能猜出這個故事裡的石頭就是妖氣很濃的了。

話說有一位林名師，在家設乩壇，有一天，乩壇被一個自命為「白石真人」的妖怪所霸占，從此林名師就陷入了魔道，整天瘋瘋癲癲，家人都拿他毫無辦法。

過了一陣子，這天，更恐怖的事情發生了，妖怪在乩壇上寫道：「只要你在自己的臉上另開一眼，就可以見到玉皇大帝。」

林名師一看見這個「指示」，竟然真的抓起刀子想要照辦，被家人奮力奪下刀子阻止以後，還非常生氣，罵聲不絕，髒話不斷。

家人都很害怕，也很發愁，不知道到底該怎麼辦。

這時，乩壇上出現了完全不一樣的字跡。這段話說：「我乃是土地公，現在騷擾你們家的是一個白石精，這傢伙神通廣大，連我也被迫要受他的驅使，不過這幾天他正好去西天拜佛，你們趕緊趁這個機會把乩壇拆掉，並寫好牒文，拿到城隍廟去燒掉，狀告白石精，這樣你們家才可能逃過一劫。」

「牒文」就是文書的意思，土地公是要這家人趕緊寫一封告狀信哪。

恰好就在這時，林名師有一個好朋友蔣太史來訪，林名師的家人就急切的把這一切都告訴了蔣太史，並且請蔣太史幫忙拿拿主意。

蔣太史不僅勸林家人按照土地公的指示去做，還建議他們花三十兩銀子買來一張張天師的符，供在堂中。

白石精自此銷聲匿跡，再也不曾跑出來作怪。

十幾年以後，有一天，蔣太史在北京，張天師當時正巧也在北京，兩人就相約碰面。

一碰面，張天師就告訴蔣太史：「你的摯友林名師去世了。」

蔣太史一聽，非常意外，急忙問道：「先生怎麼知道？」

蔣太史心想，如果林名師亡故，林名師的家人一定會通知自己的，可是自己到現在並沒有接到任何消息啊。

張天師說：「因為日前我符上派遣的神將已經向我交令歸位了。」

這是什麼意思呢？原來，是在林名師病故以後，那張原本被供在堂中的張天師的符，因家人祭拜林名師時香火不慎而被燒掉了。

沒過幾天，蔣太史就接到了來自林名師家人的消息，還特別提到了那張符不小心被焚的事。

在這個故事裡，白石精所占的比重並不重，有一半的篇幅似乎倒是在頌揚張天師有多神哪。

下面這個關於石妖的故事出自《南皋筆記》，叫做〈奇石合記〉。

這個故事和前面所說的〈水晶石記〉有些類似，也是從一塊奇石被人從江裡撈起來以後開始的，這回撈的人是一個貧窮的寡婦，有一個女兒，母女倆平日就靠著她幫人洗衣服，艱難度日。

有一天，婦人在江邊洗衣服的時候，看到一塊石頭向江邊漂來，婦人就把石頭撈起來，並且帶回家放在水缸裡。

當天夜裡，婦人醒來，發現從水缸裡發出耀眼的光芒，大吃一驚，小心翼翼的湊上前一看，更是驚詫得非同小可，原來，那塊石頭居然會像蚌殼一樣的張開，裡面還有一條五彩金龍正在吐著唾沫換氣。

婦人連忙喊女兒過來看，女兒看了，也覺得很稀奇。過了一會兒，那條頭上有著角，全身鱗甲金光燦爛的金龍，大概是換氣換夠了，就縮回到石頭裡，石頭也隨之合上，看上去又是一塊普通的石頭了。

母女倆回去繼續睡覺。女兒一入睡，就做了一個夢，夢到一個身穿五色彩衣的人來向她訴說，說自己在江中遊戲，不小心被她的母親撈起來，剛才又在她們的面前現出原形，實在是有失體面，希望她們母女能夠念及他多年修鍊的辛苦，把他放回江中，她們的大恩大德，自己日後一定會好好報答。

女兒在夢中答應了，那個身穿五色彩衣的人也就拜別而去。

第二天，女兒醒來以後，就把夢中的情景詳細的告訴母親，並且說自己已經答應要把金龍放回江中。沒想到，做母親的認為這是一個寶物，好不容易才撿到，說什麼也捨不得放手。

女兒急得要命，連連說：「這不是應該養在水缸裡的東西，你要是一直這麼囚著它，萬一它帶來災禍怎麼辦？」

可是母親依然不聽。過了不久，詭異的事情發生了，石頭上忽然出現了兩行字，都是生辰八字，一行是女孩的，另一行是女孩表弟的。緊接著，兩人都莫名其妙的得了病。

知道這些事情的人都認為一定是這塊石頭在興妖作怪，兩個孩子才會突然生病，做母親的想想也覺得很害怕，就趕緊把石頭丟回到江裡。說也奇怪，兩個孩子的病果真很快就好了。

看來妖怪也不見得就一定是愛作祟，有時候大概也會有「敬酒不吃吃罰酒」的感嘆吧，誰教這些凡夫俗子好好跟他們說他們偏偏不聽呢！

再看一個故事，篇名叫做〈泥女〉，出自《醉茶志怪》。

有一座沒有僧人住持的古寺，因為年久失修，牆壁上很多地方都剝落了，看起來十分破敗，也很荒涼。

有一天，一個姓姚的書生偶然間來到這座古寺，到處閒晃，晃到古寺後殿，發現有一個侍女的石像看起來倒是難得的還保持完好，不僅臉部看起來光彩照人，就連衣裳的顏色也還挺鮮麗。

姚生看著看著，忽然產生了一些輕佻的心思，竟然大筆一揮，就在侍女石像的衣裳上題了一首情詩，大意是說希望石像顯靈，夜裡前來相會之類。

過了幾天，有一天晚上，也不知道怎麼搞的，姚生似乎特別的心神不寧，總感覺好像馬上就會有什麼事情發生。就在準備就寢的時候，聽到從院中傳來有女人衣裙上飾物碰撞的清脆聲，姚生立即意識到——有人來了！

他趕緊趴到窗戶上往外一看，果真看到一個身材苗條的女子正緩緩朝這裡走過來，再仔細一辨認，姚生驚喜得差點沒叫出來！

這就是前幾日在古寺裡看到的那個侍女石像啊！原來真的顯靈了！

他非常高興，立刻衝過去開門，把女子迎了進來，熱情的給女子倒茶。

本來氣氛也還不錯，可惜，姚生太過猴急，還沒聊上幾句，竟然就色咪咪的動手動腳起來。

這讓女子很不高興，板著臉怒道：「你這個人怎麼這樣啊！」

姚生看女子生氣了，馬上一邊道歉、一邊也趕緊收斂；他可不想把女子給氣走啊。

大概是看姚生還頗知錯，女子也沒深究。過了一會兒，女子甚至主動坐到了姚生的大腿上，並且還頻頻向姚生拋著媚眼，把姚生迷得神魂顛倒，不由得閉上了眼睛——

忽然，姚生感覺好像有什麼東西重壓在自己的腿上，睜眼一看——天啊！哪裡還有什麼女子？明明是沉重的石碑底座正壓在自己的腿上啊！

姚生痛得大喊大叫，想要掙脫，但又動彈不得。等到稍後家人聞聲趕來，經過好幾個人合力搶救，才總算把那個壓住姚生的石碑底座給抬了起來。不過，姚生的雙腿已經被壓成殘廢了。

後來，有人認出來那塊離奇出現在姚生房裡的石碑底座是古寺裡的東西。

這個故事真可說是給那些色鬼一個大大的教訓。只是奇怪的是，篇名叫做〈泥女〉，似乎是表示作祟的是那座侍女塑像，可是從故事情節看來，教訓姚生的也可能是那塊成精的石碑底座啊。

再來看一篇出自《子不語》的故事，篇名叫做〈石言〉。這是一個書生和一堆石頭精（或是石頭怪）的故事。

有一個名叫呂著的書生，是建寧人，曾經在武夷山北麓一座古寺中讀書。在這期間，發生了一件特別的事。

有一天黃昏，呂著正在讀書，忽然一陣寒風從外面吹來。

呂著覺得有點兒冷，站起來想去關窗，可就在這時，僅僅往窗外一瞥，他就不由得倒吸了一口冷氣，因為他看到了一個不可思議的景象——

只見石階上那些青石板被寒風一吹，竟然統統都立了起來！

呂著愣住了。

緊接著，狂風大作，颳起好多樹葉，葉片瞬間都紛紛黏附在這些石板之上，又過了一會兒，甚至連破舊的瓦片被風吹下來之後也都黏在這些立起來的青石板上。

呂著看得目瞪口呆。又過了半晌，這些青石板慢慢旋轉起來了，然後，僅僅一眨眼的工夫，竟然就變成十幾個高大無比的儒士！

呂著嚇壞了，趕緊吹掉油燈，躲進被窩裡直發抖。

等了好一會兒，他聽見外頭一陣高談闊論的聲音，除了這個就再也沒有別的聲音了。呂著鼓起勇氣悄悄往外偷看，看見那十幾個儒士果真是在月光之下，正在談古論今，好不熱鬧。

從這天開始，每到傍晚，就會吹來一陣寒風，石階上的青石板就會變成十幾個身材高大的儒士，然後再聚在一起閒談。

這樣一連過了好幾天，漸漸的，呂著也習慣了，不再那麼害怕了。有一天晚上，呂著甚至大著膽子加入了他們，而這些不凡的儒士對於呂著的加入，也都表示了熱烈的歡迎。

呂著先向大家自我介紹，隨即也請教眾儒士的大名。大家都很客氣的報上了自己的名字，有不少都是很少見的複姓。

眾儒士都表示他們是漢魏時期的人，其中有兩位老者甚至說自己是秦朝人。

當他們在交談的時候，呂著總是十分仔細的聆聽，覺得饒富興味。久而久之，呂著與這些儒士就成了朋友。

呂著問他們為什麼會一會兒變成石頭，一會兒又變成人，他們都只是笑而不答。

過了好一段時間，有一天，這些儒士告訴呂著，他們都已託生海外，要做一些前世未了的事，今晚過後，就要與呂著告別了。

呂著雖然依依不捨，但也無可奈何。

此後，古寺裡真的就再也不曾見到這些巨人的身影。

呂著很想念他們。想到他們所說的很多關於漢魏時期的事，都跟自己從書上看到的不同，因此興起一個念頭，想要把這些儒士所說的話統統都記錄下來。

後來，呂著果真花了很多時間和精力，完成了一本特別的書，書名就叫做《石言》。可惜，因為呂著是一個窮光蛋，根本沒有錢把這本《石言》給印出來。

山怪

石頭堆在一起，就成了山。於是，在靈怪故事中，也有不少「山」是有點兒怪怪的。我們在這裡就講一個〈石雞山〉的故事。這個故事出自《太平廣記》。

故事發生的背景是在東晉的「永嘉之亂」。

當時，在河南宜陽有一個年輕的姑娘，名叫彭娥。

一天，她到村外水潭邊汲水，回家之後發現家裡被翻得一塌糊塗，家人也都不見了，彭娥心想一定是統統被亂兵抓走了，傷心痛哭。

不久，另一批亂兵擁到，也把她抓了起來，還把她拉到村外要在河邊將她處死。

河水臨山，彭娥仰著頭對著高岩怒喊：「天地神靈，你們究竟長不長眼睛？我到底有什麼罪孽，要遭此惡報？」

說罷，就朝著山岩衝過去，想要一頭撞死，沒想到，就在她即將撞上岩壁的那一剎那，巨大的岩石忽然從兩邊分開，現出了幾丈寬的大道！

彭娥便順著大道拚命向前跑。而那些追兵，在他們一跑進分開的山岩之中，石壁就突然合攏，把他們都給壓死了。

這簡直就是摩西分開紅海的中國靈怪故事版啊！

在剛才那個故事中，最後是山救了彭娥。現在我們再來看看另外一個故事，這回山救的是一個秀才。

相傳在楚北有一個秀才，名叫屠越，靠著開學堂為生。這年，臨近春節，屠越關閉了學堂，準備回家過年。就在他把行李都整理得差不多的時候，忽然來了一個武士求見。這個陌生的武士是一個彪形大漢，頭戴皮帽，身著戰裙，一臉嚴肅，一看就頗有些不好惹的感覺。

武士自我介紹說：「我姓莊，特地來拜會先生。」

「不敢不敢。」屠越此時還挺納悶，不知道這個武士找自己有什麼事。

武士馬上就為屠越解答；只見他已開口問道：「先生明年準備在哪裡開學堂？」

「呃，這個——我還沒有考慮好——」

武士一聽，立刻急切的說：「我有兩個兒子，想請先生來教誨，我每年付給先生三十斤金子，您看這樣可以嗎？」

屠越聽了，覺得待遇是可以了，但是學生的人數有點少。

武士趕忙又說：「村裡還有兩、三個小孩，那到時候我把那幾個小鬼一起叫來伴讀就是了。」

見屠越顯然還有些猶豫不決，武士又趕快把準備好的一大包鹿肉乾拿出來放在桌上，說：「這是一

點見面禮，請先生笑納，等時候到了我就過來接先生。」

說完，也不管屠越答不答應，一轉身就走了。

武士的動作很快，等屠越追出去的時候就已經不見了蹤影。

其實，屠越方才說「學生太少」只是一個託詞，實際上是因為之前他曾聽說在附近的山上經常有些綠林好漢聚眾鬧事，他疑心這個武士會不會也是其中的一員，本來是很不願意招惹這些人的。但是，眼看武士如此執意要自己去執教，現在屠越也不敢拒絕，生怕萬一得罪了以後會更麻煩。

於是，原本打算要回家過年的計畫也泡湯了，屠越哪裡也不敢去，也不敢再答應其他人的聘請，天天滿心不安的等著武士來接他；武士只說「等時候到了就來接」，可並沒有說到底是什麼時候來接。

日子一天一天的過去，轉眼間春節過了，元宵節也過了，那個武士卻還是無聲無息。

這天下午，就在屠越的心裡開始犯嘀咕的時候，武士終於來了，一來就急吼吼的說：「我已經準備好車子了，走吧走吧！」

屠越說：「可是我的東西還沒整理好呀，請您明天再來吧！」

武士板著臉說：「不是說好等時候到了我就來接先生的嗎？」

屠越心想，咦，你這人怎麼這麼不講道理啊，難道我還應該天天都打好鋪蓋捲就這麼傻傻的等著啊，誰知道你什麼時候會來呀！

屠越畢竟是有修養的人，他壓抑住這些不滿，表面上還是客客氣氣的向武士解釋，說總得給他一點時間，不可能現在說走就走，然而，武士卻完全聽不進去，箭步過來拽著屠越就把他往外推，然後把他塞進一輛馬車裡，自己再跳上車頭，親自趕著車就走。

透過小窗戶，屠越看到馬車在山裡走了很久，而且一路上都是彎彎曲曲的山路，坐得屠越都快要吐了。好不容易，在黃昏的時候終於來到了一個小村子。

這個村子真的很小，總共也沒幾戶人家，而且每一家都很破，所謂的屋子不過就是幾根木頭所搭出來的架子，而且還搭得歪七扭八，房間看起來也跟動物的巢穴簡直沒什麼兩樣，不僅非常簡陋，都是土牆，還幾乎都沒有家具，真可以說是家徒四壁。

屠越的內心非常驚訝；這麼破的村子，他過去還真沒見過。

武士讓自己的兩個兒子出來拜見老師。兩個男孩，一個十四歲，一個十二歲。老實說，屠越對這兩個學生的第一印象實在是很不好，因為這兩個孩子小小年紀看起來居然就面目不善，很有些凶惡的感覺，無論是模樣或是身形看起來都很粗魯，一點也沒有書卷氣。

屠越教兩個孩子讀書，另外還有鄰居家來伴讀的三個孩子，一共是五個孩子。屠越很快就發現，這實在是一件苦差事；武士的兩個孩子比他所預想的還要愚笨，一點靈氣也沒有，而且在課堂裡根本就坐不住，還老是喜歡找伴讀的孩子吵鬧，沒兩天甚至就把伴讀孩子的頭給打破了。

「住手！你們在幹什麼！」屠越急忙上前阻止，一邊拉開孩子，一邊當然也責備了那兩個主動鬧事的孩子。

不料，兩個孩子不但不認錯，居然還瞪著屠越，出言頂撞道：「我們想幹什麼就幹什麼！」

屠越氣壞了，馬上去找武士，想要請他好好管教管教自己的孩子。

然而，武士卻似乎充耳不聞，只是毫不在意的說：「小孩子打打鬧鬧有什麼關係？幹麼要這麼小題大作？」

「什麼！」屠越大聲說：「貴公子把人家的腦袋都打破了啊！」

「那又有什麼大不了，何況，請先生來教書的是我，別人家孩子的事先生就不要管那麼多了吧！」武士在言語之間居然還流露出對屠越的不滿。

見武士如此不講道理，再加上一開始屠越本來就不是很想接這個差事，頓時就萌生了去意，直截了當的說：「既然如此，我恐怕教不了貴公子，還是請您另請高明吧！」

武士一聽，大怒道：「先生的意思是不幹了？」

屠越也很怒，大聲回答道：「實在是教不下去了！請您盡快幫我準備車子，我馬上離開！」

沒想到，武士看看屠越，竟然悶哼一聲，冷冷的說：「只怕由不得你，什麼時候讓你走是由我說了算！」

屠越聽了，背脊不禁生出一絲涼意，有些顫抖的問：「請問這是什麼意思？——」

話音剛落，從課堂那兒傳來孩子們恐怖悲慘的號叫，屠越趕緊衝回課堂。

結果，映入眼簾的一幕把他驚嚇得差點沒當場就昏死過去！

武士的兩個兒子，竟然發狂般的在啃咬那三個伴讀的孩子！可憐的孩子們眼看就已經沒氣了！

屠越尖叫著奪門而逃！

在即將逃出村子口的時候，回頭一看——不得了！那兩個可怕的小殺手竟然還尾隨而來！

屠越更是沒命的逃！

但是，這些山路他哪裡認得，跑了半天，根本毫無方向。

所幸，兩個小殺手好像已經沒再追來了。屠越稍微喘喘氣，定定神，正琢磨著下山的路，忽然，又有兩頭野狼從樹叢間跳了出來，並且一下子就咬住了屠越的衣服，還好像要把他一直往草叢裡面拖！

屠越拚命掙扎著，以為自己一定是死定了……

就在危急萬分的時候，不知打哪兒冒出了一個白鬍都垂到胸前的老先生，舉起手中的枴杖，一棍一個，瞬間就擊斃了兩隻惡狼，救了屠越。

屠越驚魂甫定，自然是對老先生感激涕零。

老先生問：「看你像是一個讀書人，怎麼會跑到這裡來？」

「我——我是一個教書先生，我是被強迫帶到這裡來的……」

屠越把自己的遭遇大致解釋了一下。

「原來如此，」老先生說：「這裡是豺狼虎豹之鄉，不可久留，你還是趕快走吧。」

「可是——我根本不知道該往那個方向走啊！」

「先生別怕，」說著，老先生指著不遠處的一條山路，告訴屠越：「你只要順著這條路一直往前走，千萬不要走回頭路，沒多久就可以出山了。」

後來，屠越按照老先生的指示，果真很快就走出了這片大山。

回頭一望——怪了，眼前只有一片荒草，哪裡還有什麼山路？

幾天之後，屠越夢到了那位救他的老先生。老先生在夢中告訴屠越，自己是那座山的主人，由於莊某不法，他已經把莊某斬首了。

翌日清晨，屠越醒來，心裡還正在想著夢中所見，一走到院子裡，頓時又被嚇得魂飛魄散！——原來，在院子裡的一棵樹上，居然掛著一顆血淋淋的虎頭哪！

這個故事的篇名叫做〈山神〉，出自《醉茶志怪》。所謂「山神」，指的自然是那個老先生。

在《太平廣記》中還有一個跟山有關的故事滿特別的。

傳說，在唐僖宗乾符年間（已經算是唐朝末年了），在天台山有一個和尚，有一天無意間在靠近臨海縣的地方發現了一個洞穴，往裡頭稍微走了一會兒，感覺裡頭挺深的，十分特別。出於好奇，和尚就暗暗把這個洞穴的位置記了下來，過了不久，還邀了另外一個和尚打算一起進洞去探察。

（出家人說的「探察」，大概就是我們凡夫俗子說的「探險」吧。）

一天，兩個和尚真的來到這個洞口，展開探察之路。進去之後，才走了沒多久，山洞就變得又矮又窄，地上也是一片泥濘，很不好走。

另外一個和尚有點兒想打退堂鼓，但是發現洞穴的這個和尚卻認為應該再多堅持一下，沒准兒待會兒情況就不一樣了呢。

他跟同伴說：「反正只要還有路就表示能走，既然能走那就繼續走走看吧。」

於是，兩人繼續前進。說來這個洞穴也真怪，儘管路很窄，但確實就是一直還可以向前走。他們就這樣走了好久好久，兩人估計至少都走了二十來里了，洞穴裡忽然明顯的變得開闊起來。

兩人都十分興奮，馬上加快了腳步。

又走了一會兒，他們出了洞口。

放眼望去，四周一片荒涼，前方是一座山，隱隱約約可以看出一條似乎是上山的路。

兩人沒有太多考慮，便沿著這條山路慢慢往上走。

大約走了十來里路，他們居然看到了一個市鎮。

兩人都非常驚訝。

不久，當他們來到鎮上，發現這裡跟一般的市鎮沒有什麼不同，各式各樣的商店也是一應俱全。鎮上的居民看到他們，不少人也都露出十分訝異的神色，都說這裡已經很久沒有外人進來了。

走了那麼久，兩人都有些餓了。但是，此刻，有人好心的提醒他們，要他們別吃這裡的東西，要不然的話就可能出不去了，並且還催促他們最好趕快離開。

最初發現洞穴的那個和尚聽了，有些憂慮，便拉著同伴提議不如早一點走吧。

同伴卻不同意，不以為然的說：「怎麼？當初說要進來看看的也是你，怎麼才看了這麼一下子你就滿意啦？就這麼急著要走啦？要走也得先吃飽再走啊，否則哪裡還有力氣走啊？」

「可是人家說萬一吃了這裡的東西就可能出不去了──」

「瞧你這個膽小鬼，我只知道如果不吃一點東西，我才真的有可能走不動、出不去了呢！」

說罷，同伴不顧他的反對，堅持要去化緣。

和尚勸阻不住，只得焦急的等待，等到同伴一吃飽，他馬上拉著同伴就急急的循著原路往回走。

沒想到，後來就在他們快要走出洞口的時候，那個在神祕市鎮上吃過東西的同伴竟突然變成了一個石頭人！

和尚大吃一驚，但也無可奈何，只得懊喪的離去。

這實在很像恐怖版的〈桃花源記〉啊。

雷怪

無論是在東方或是西方的神話傳說中，都有不少是針對雷來做發揮的故事，大概是因為雷實在是太可怕了，又是那麼的神祕而不可解，人們對雷產生恐懼之心是很可以理解的。不過，值得玩味的是，在老祖先們的想像中，不僅有「雷神」，還有「雷妖」，也就是說，我們不僅可以在神話傳說中看到雷公的蹤影，就連在妖怪故事中也找得到雷公。

下面我們就介紹一個《太平廣記》裡的故事，叫做〈徐景先〉。

徐景先是唐朝人，他有一個弟弟，小名叫做阿四，由於母親溺愛，阿四頗為頑劣，讓徐景先非常頭痛。最麻煩的是，每當他訓斥阿四的時候，母親還總是拚命袒護，這就讓想要盡兄長之責的徐景先很難管教。

令
王

有一天，徐景先在管教阿四的時候，母親又是不分青紅皂白的一味袒護，讓徐景先十分氣惱。

「您這樣會害了他啊！」在氣憤之中，徐景先與母親說話的語氣，不知不覺就重了一些。

在古人的觀念中，如果大聲回應母親，就是一種不孝。於是，就在一剎那之間，忽然天光一黑，空中響起陣陣雷聲，徐景先覺得腳底一空，瞬間就被人拉入了雲霧之中，只見雲中端坐著一位官員模樣的人，兩旁還站立著幾十名隨從。徐景先還在發愣，官員就嚴厲的喝問道：「你為什麼敢對自己的母親不恭？」

「不是的，」徐景先急忙解釋：「不是我存心對母親不恭，是因為弟弟阿四行為不端，我在責罵阿四的時候，母親卻不允許我管教，我一時心急，回應母親的聲音就不自覺的大聲了一點……」

麻煩的是，官員的口音徐景先聽得很清楚，可是徐景先卻可能是鄉音太重，以至於官員根本聽不清。幸好，這個官員相當謹慎，既然自己聽不清，就派了一名隨從來處理這個案子。

這名隨從從空中跳下來，來到徐景先的面前，把事情經過又問了一次，然後說：「我現在放你回去，回家以後，你寫一篇答辯詞，再把它釘在東面的牆壁上，我們會派人去取。」

說完，順手一推，徐景先就從雲端被推落下來，跌進了自家的一處水塘。他從水塘裡爬起來，驚訝的發現自己毫髮無傷，便匆匆進屋換下溼衣服，趕緊直奔書房，寫好一篇答辯詞，表示自己並非不孝，接著就根據指示把答辯詞釘在東邊的牆壁上。

剛剛釘好，忽然屋裡憑空就颳起一陣怪風，徐景先什麼也看不見。等到稍後風停止了之後，原本釘在牆上的那篇答辯詞就不見了。

在這個故事中，由於有陣陣雷聲，所以那位表情嚴厲、處理事情的態度相當嚴謹的官員，顯然暗示是雷公。其實雷公在這個故事裡並沒有害人，相反還滿有公道的，為什麼會出現在妖怪故事中有點令人不解。

傳說雷公有一輛車子就叫做「雷車」。在《太平廣記》的〈張須瀰〉中就提到過雷車。

張須瀰是唐高宗上元年間，滁州全椒縣的一個小官。

有一天，他奉命押送一群牲口到州裡去。那麼多的牲口，就他和幾個隨從負責，自然是十分辛苦，所幸隨從中有一個王老頭，年紀雖大，手腳卻很俐落，一路上幫張須瀰分勞不少。

傍晚時分，忽然烏雲蔽日，轉眼就要變天了。

張須瀰的心裡很著急，趕緊吩咐大家加快了腳步。但是，他們再快也沒有暴風雨來得快，才一眨眼的工夫，大家就已經統統都被淋成了落湯雞。

幸好前方不遠處就有一個小小的客棧，大家有了目標，都在雨中拚命的趕。

一進小客棧的院子，張須瀰便囑咐王老頭要把牲口先趕快安頓好了以後再休息。

王老頭說：「小的知道，大人放心吧，大人趕緊歇歇吧。」

張須瀰遂準備上樓去把溼衣服給換下來。才剛走進屋內，就聽到一聲巨響，彷彿是從天上掉了什麼東西下來！

張須彌大吃一驚，趕快循聲跑到外面，仔細一看，院子裡不知道什麼時候出現了一輛車，周圍有八、九個都是村姑模樣的年輕女子，其中一個一看見王老頭，馬上帶著一副悲喜交加的神情奔上去，而王老頭呢，一開始似乎挺驚詫，但很快便從驚詫轉為驚喜，然後很愉快的和那個女子說起話來。

張須彌看著那女子，覺得有些眼熟，再看幾眼，這才猛然想起來——天啊，這不是王老頭的女兒阿推嗎？可是——阿推在半年前就已經死了啊！

這麼一來，張須彌自然是不敢靠近。而由於與這對父女有一段距離，張須彌聽不大清楚他們交談的內容，只聽到一點大概，無非就是阿推在殷殷詢問家裡的狀況？家人現在又怎麼樣？過得好不好？

父女倆交談了好一會兒，其他和阿推一起同來的女子們開始頻頻催促，最後阿推只得和父親依依不捨的告別，緊接著眾女子就隨著那輛車子一起在雲霧間緩緩升空，漸漸遠去，一路上還一直發出轟隆轟隆的陣陣雷聲。

直到她們都完全消失不見了，現場才有人說：「原來這就是傳說中的雷車啊！」

在〈張須瀰〉這個故事中，對「雷車」只是一語帶過，而且「雷車」的作用似乎也不是一般想像的是讓雷公打雷用的，而有點像是專門讓亡靈乘坐的探親專車，在《太平廣記》另外一個故事〈李鄘〉中，對於雷車的樣子就比較有描述，而雷車的功能也就是為了打雷。

唐朝時期，在介休縣有一個人，名叫李鄘。

有一天，李鄘奉命到外地去送公文。任務達成，在返程的時候，他經過太原郊外早已荒廢的晉祠，因為這個時候已經天黑了，儘管祠內頗為破舊，而且空無一人，鑑於夜路反正也不好走，李鄘還是決定要在這裡暫宿一夜，等到第二天早上起來再繼續趕路。

到了半夜，李鄘被一陣急促的敲門聲所吵醒。

他睡得迷迷糊糊，心想這裡明明只有自己一個人，誰會來這裡找人呢？在意識剛剛有些清醒以後，因為敲門聲很急，李鄘猶豫著要不要過去開門，就在這時，他聽到大門「咿呀」一聲的開了，外頭有人大聲說道：「介休王派我來借霹靂車，三天以後好去介休收麥。」

一聽到這個人提到自己的家鄉介休，李鄘一下子全醒了，但是他全然不懂剛才聽到的那兩句話到底是什麼意思？所以也就不敢輕舉妄動。

此時，晉祠內有人先是要來者等一下，然後又回報道：「大王說，最近霹靂車很忙，沒辦法借。」

「啊，拜託請再跟大王說說看吧！——」門外的人苦苦哀求。

過了好一會兒，那個大王總算是同意出借霹靂車了，就讓門外的人進來，然後叫他在院子裡等一下。

李鄘從窗戶偷看，看到來借車的人一副使者的裝束，原來是騎著馬來的，獲准以後就騎著馬進入晉祠。

隨即從祠內走出五、六個人，每個人的手裡都持著蠟燭。

使者趕緊跳下馬來，站在大門處恭恭敬敬的等待。

接著，李鄘看到好幾個人合力抬了一件東西出來，那東西雖然叫做「霹靂車」，但是沒有什麼車子的樣子，而是像一根很重的旗桿，桿上還裹著不少旗幡之類的東西。

祠裡一個為首的人示意要把這根旗桿交給使者，並且還很仔細的說：「請您點點看，看看有沒有缺什麼？」

使者接過去，當真就認真的檢查起來。在使者清點的時候，李鄘注意到那些旗幡一共有十八面，每一面都閃爍著耀眼的亮光，讓李鄘一看就立刻聯想到閃電。

「沒錯沒錯，謝謝大王！」說罷，使者就帶著旗桿走了。

使者離去以後，方才還站在院子裡的那些人也就一下子統統都消失了。

接下來，李鄘怎麼都睡不著，反覆琢磨著自己所看到的關於出借霹靂車的那一幕……

霹靂車，收麥，旗幡上閃電般的標誌……

最後，李鄘得出一個結論——

他認為，那個所謂的「霹靂車」一定就是雷公的東西，而那個使者說三天以後要帶著霹靂車去他們介休收麥，一定是意味著三天以後介休將會有一場暴風雨！

第二天，李鄘用最快的速度趕回介休，然後跑遍了附近的村莊，要大家趕緊把麥子提前收完，要不然兩、三天以後就會有暴風雨！

但是，沒人相信，大家都說：「怎麼可能？這個季節怎麼可能會有暴風雨？你看看現在的天氣有多好？你是不是睡糊塗了啊？」

總之，根本沒人聽李鄘的話。

然而，等到李鄺「預言」的時間一到，原本還是藍天白雲，忽然說變就變，瞬間果真就颳起了暴風，還下起了暴雨！

這場突如其來的暴風雨使得介休附近的村莊，加起來一共有一千多頃的小麥幾乎全部損失殆盡！

災難過後，很多村民都立刻想起李鄺曾經對他們的警告，要他們趕快提早收麥，現在真的都應驗了，結果——他們的反應一定大大出乎李鄺的意料，因為，他們不是懊惱沒有早聽李鄺的勸告，反而是一起跑到縣裡去控告李鄺，說李鄺一定是一個妖怪！要不然他怎麼可能未卜先知呢！

唉，這個李鄺好心沒好報，也真夠倒楣的了。

摸不著的妖怪

在《太平廣記》裡還有一些自然界中摸不著的「妖怪」，感覺上妖味都挺重的。

譬如有一個故事，叫做〈牛成〉，講的就是一個名叫牛成的人所目睹以及所聽到的怪事。

那是一個清晨，牛成要去孝義坊，走到半途，遇到一個同村的任杲，兩人就停下來站在路邊說話。

說著說著，牛成一抬頭，猛然看到往東大約五百步的距離，有一團團黑氣就像送喪的車子一樣徐徐的滾動，為首的一團黑氣高達兩、三丈，其餘跟在後頭的一個個也都有一丈以上。這些黑黑的氣團十分詭異的由北往南移動，一團跟著一團，井然有序。

這時，太陽漸漸出來了，氣團滾動的速度也加快了。牛成看得都呆掉了，可是任杲卻不以為意，對牛成說：「這沒什麼啊，這裡就是這樣的，別惹它們就行了。」

接著，任杲就告訴牛成一件發生在幾個月前的怪事，任杲說，那個事不僅僅只是怪，還相當恐怖。

任杲回憶道，那天有一個士兵騎著馬從北邊往南趕路，在經過這裡的時候，忽然看見空中模模糊糊的彷彿有一些大角怪獸，這個士兵很勇敢，馬上舉刀策馬就衝了過去。

方才角獸形狀的黑霧，很快就變成了人形，一個個都至少有一丈多高，並且擺出搖旗吶喊的樣子來追殺士兵。

士兵眼看這團團黑霧來勢洶洶，急忙撥馬就逃，邊逃還邊回頭猛射箭，一連數箭之後，巨人狀的團團黑霧一下子明顯的少了，彷彿鬼怪也是會中箭的。

聽著任杲的描述，牛成十分害怕，緊緊盯著不遠處的團團黑霧。任杲說，不要害怕，只要別惹它們就行。任杲還說，那天在天亮以後，那個士兵又回到這裡來查看，結果地上雖然血跡斑斑，但實際上什麼怪物也沒看到。

然而，事情到這裡還沒完。任杲告訴牛成，聽說那個士兵在查看血跡的時候就突然感到很不舒服，等到回家以後立刻就病倒，而且很快就死了。

在剛才那個故事中，詭異的黑霧似乎不會主動傷人，不過，另外一個故事，叫做〈僧法長〉，裡頭所出現的一團白氣，就是殺人不眨眼了，十分可怕。

這個故事是說，在河南龍門寺有一個叫做法長的和尚，有一年，他騎著馬從龍門寺出發，想要回老家去幫忙收割。

由於歸鄉心切，入夜之後法長和尚還繼續趕路。走著走著，馬兒忽然僵直著身子不肯動，即使法長和尚揮舞著鞭子猛抽，馬兒依然就像是中了邪似的，一動也不動，只是瞪大著眼睛呆呆的往東面看。

法長和尚看馬兒如此異常，這才想到順著馬兒注視的方向觀察一番，結果，在月光之下，這一觀察，果然看出了異樣。

原來，就在幾百步之外，有一團白白霧氣似的東西正緩緩往這裡移動！法長和尚大吃一驚，趕緊一拉韁繩，離開大路，往邊上走了幾十步，然後躲在那裡想要看個究竟。

眼看那團白霧愈來愈近，範圍也愈來愈大，估計至少有六、七尺那麼高。一旦靠近之後，一股惡臭腥羶之氣遂撲鼻而來，簡直比一些臭魚爛蝦的味道還要難聞。不僅如此，當這團白霧經過的時候，法長和尚甚至還聽到一陣陣低低的呻吟聲。

漸漸的，那團白霧就徑直朝著西方去了。等到白霧過去之後好一會兒，法長和尚就騎著馬悄悄跟在後頭，想要看看接下來會發生什麼。

就這樣，法長和尚跟了大約一里地。他始終小心翼翼的跟那團白霧保持著幾十步的距離，或許就是因為這個緣故，那團白霧似乎絲毫沒有發現有一個和尚一直跟在後頭。

終於，來到一戶人家的面前，那麼一大團白霧忽然發出「呼啦」一聲就進了屋。法長和尚猶豫著接下來不知道會發生什麼，不敢再靠近，就勒住馬遠遠的看著。

不一會兒，那戶人家開始傳出了嘈雜的聲音。

「快來人啊！牛要死了！」

「啊！驢子也死了！」

嘈雜聲聽起來愈來愈惶恐，法長和尚忍不住，走上前去拍門，等到一個僕人慌慌張張的一來開門，法長和尚急著問道：「怎麼回事？」

沒想到，僕人一臉驚慌失措的說：「我也不知道是怎麼回事，我們家少爺，才十幾歲，一向身體強健，可是剛才不知道怎麼回事忽然一頭就摔倒在地上死了！」

僕人的話剛說完，屋裡的哭叫聲又響成一片。

僕人臉色發白，用顫抖的聲音對法長和尚說：「您還是趕快走吧！」

說完，就把門給關上了。

法長和尚站在外面，聽著裡頭不時就傳來驚恐的哭聲以及尖叫聲，也害怕得渾身直打顫。

直到後半夜，一切才逐漸安靜下來，終於成為一片死寂。

等到差不多也天明了，法長和尚愈想愈怕，趕快去找鄰居，後來，鄰人一起隨著法長和尚來到這戶人家，推門一看，赫然發現這戶人家一共十幾口人，還包括所有的雞鴨貓狗和牲畜，竟然全部都死了。這團白霧實在是非常的可怕啊。

或許有時在霧濃的時候，因為光線強度的不同，再加上夜間一旦混淆著樹影或者是建築物的影子等等，乍一看上去，我們的眼睛很容易會產生錯覺，感覺自己彷彿看到了什麼怪物，因而才會激發了這些關於自然界妖怪的想像吧。

雜怪中有一大類，是不可能不提的，那就是鬼故事。

現在講到古典的鬼故事，大家馬上都會想到《聊齋誌異》；確實，《聊齋誌異》是中國古代非常傑出的文言短篇小說集，全書四百九十一篇，鬼故事占了很大的比例。不過，在這將近五百篇的作品中，其實除了部分是作者蒲松齡的原創之外，也有很多是蒲松齡根據民間傳說或是古代故事所改編的作品，可以說「鬼故事」一直是一種傳統。靈怪故事、妖怪故事本來就可以視為是成人世界中的一種「童話」（「兒童文學」是近代才有的觀念），那麼「鬼由心生」，意思是說「鬼」是我們所想像出來的，自然也就成為這一類故事中相當重要的一個類別。

在這一個章節裡，我們就要來介紹幾個不同類型的鬼故事。

除了最後一個故事〈梅異〉是出自《螢窗異草》之外，其餘都是出自《搜神記》和《太平廣記》。

無辜的鬼

首先要介紹的這個故事特別有名，叫做〈宋定伯賣鬼〉。

從前，在南陽郡有一個人，名叫宋定伯。在他年少的時候，發生過一件事。

那天晚上，宋定伯在趕夜路的時候，忽然感覺到路上似乎不止他一個人。

宋定伯馬上開口問道：「是哪一位？」

對方居然回答：「我是鬼。」

同時，鬼還反問道：「你又是誰？」

若是一般人，聽到這樣的回答，不是嚇昏就是以為對方是在跟自己開玩笑，但是宋定伯的反應相當奇特，他一聽就相信對方真的是一個鬼，但是，他也不怕，反而非常鎮定、也非常機智的回答道：「我也是鬼。」

鬼一聽，也相信了，然後又問宋定伯：「你要去哪裡？」

宋定伯說：「我要到宛縣的集市。」

鬼就說：「真巧，我也要去宛縣的集市，那我們就一起走吧！」

宋定伯欣然同意，於是，一人一鬼就這麼結伴而行。

走了幾里路，鬼提議道：「步行太慢了，不如我們輪流背著對方走好了，你覺得怎麼樣？」

「好啊，太好了。」

於是，鬼就先背著宋定伯走了幾里。

鬼疑惑的問道：「奇怪，你怎麼這麼重？你大概不是鬼吧？」

宋定伯再次展現他的機智，不慌不忙的解釋道：「哦，可能因為我是新鬼的關係吧，所以就比較重了。」

鬼接受了這樣的解釋。

不久，輪到宋定伯背著鬼走路，鬼在他身上，他果然絲毫感覺不到一點重量。

（這個宋定伯也太輕鬆了吧。）

他們就這樣你背著我、我背著你，表面上是輪流休息，一起趕路。

既然鬼相信自己是新鬼，宋定伯就把握這個大好的機會，非常虛心的請教道：「我是新鬼，很多規矩都還不懂，比方說，不知道我們鬼都怕些什麼？」

鬼告訴他：「什麼都不怕，只怕別人對我們吐口水。」

「哦，原來如此。」宋定伯暗暗的記在心裡。

他們繼續一起趕路。

不久，遇到了一條小河，宋定伯表示禮讓，讓鬼先渡河。

鬼渡河的時候一點聲音也沒有。

而當宋定伯渡河的時候，鬼又有些起疑道：「奇怪，為什麼你會弄出那麼大的聲音？」

可不是，宋定伯在渡河時所發出的嘩啦啦的水聲，在深夜聽起來真是特別的響。

宋定伯趕緊說：「啊，因為我剛剛死，還不習慣渡河，請原諒，不要怪我！」

鬼一聽，既然這個「新鬼」說得這麼誠懇，那麼也就算了吧。

經過一夜的趕路，快要走到宛縣的時候，已經快要天亮了。

這時，正在宋定伯背上的鬼說：「喂，老兄，可以了，放我下來吧！」

可是，宋定伯哪裡肯放，反而還把鬼抓得更緊。鬼急得大喊大叫，不斷發出「咋咋」的叫聲，拚命要求下來，但是宋定伯都不管，就這麼直接把鬼背到了集市去。

當宋定伯把鬼一放下來，鬼立刻就變成了一頭羊！宋定伯立刻朝著這頭羊吐了口水，「定」住了牠，讓牠不會再有變化。然後，宋定伯就把這頭羊給賣了！還賣了一千五百文錢呢！

有一句話說，「夜路走多了總會遇到鬼」，宋定伯就是在走夜路的時候碰到了鬼，但是最後他居然把這個鬼給賣了，可真夠大膽的。不過，在這個故事裡，其實那個鬼好像挺無辜的啊，他很容易信任同伴，也很大方的教導同伴要注意什麼，沒想到後來卻是中了計。

虛張聲勢的鬼

只要一提到靈怪故事中的鬼故事，那個不怕鬼甚至還會賣鬼的宋定伯，經常是頭一個就會被大家所提起來的人，現在我們不妨再來看看其他同樣也是膽子很大的人，看看他們有什麼樣的故事。

下面這個故事的篇名叫做〈竇不疑〉，主人翁竇不疑的膽量也算是很大的了。

竇不疑是太原人，在年輕的時候，就以膽量很大而出名。

有一次，竇不疑和幾個朋友在一起喝酒閒扯，有人說：「那個攔路鬼最近好像愈鬧愈凶了，難道就沒有人有辦法嗎？——」

說到這裡，這個朋友就說：「如果有人敢在夜裡去射那個攔路鬼，我就給他五千錢！」

當時，大家都說只要是在夜裡或是碰到陰天、下雨天，在距離城北幾里的路上，經常會出現鬼。據說這種鬼的個頭很大，往往高達兩丈，就那麼突然出現，然後擋在路上，見到的人有不少都被當場嚇死，所以很多人都把這個鬼稱作「攔路鬼」。

大家聽了之後，你看看我、我看看你，都保持沉默；儘管五千錢不是一個小數目，但是小命畢竟還是更重要啊，誰敢去射那個可怕的攔路鬼啊！

只有竇不疑，非常豪氣的說：「我去，我今天晚上就去！」

當天傍晚，竇不疑果然就帶上弓箭，隻身出發。

不過，他前腳剛走，朋友們就後腳悄悄跟隨在後。原來啊，在竇不疑發出要去射鬼的豪語之後，大家商量，決定要跟在後面去看看；一來是要看熱鬧，不願錯過一齣「人鬼大戰」的好戲，二來也是為了要去現場做一個見證，否則萬一竇不疑一出城就找個地方躲起來，等到過了一定的時間再回來告訴大家他射了鬼，那個時候誰能夠證明呢？

竇不疑不知道朋友們全都悄悄跟在自己的身後，就那麼雄赳赳、氣昂昂的走著。

當他剛剛來到據說鬧鬼最凶的地方，天已經黑了，還沒來得及稍做休息，攔路鬼正巧就那麼出現了！

竇不疑馬上拉滿弓，朝著那個身形高大的鬼就一箭射了過去！

鬼慘叫一聲，轉身就跑！

竇不疑看那個大鬼似乎中箭了，信心倍增，立刻在後追趕，同時又迅速拉弓射了第二箭！

不久，鬼又中了第三箭！

連中三箭的鬼，一路發出恐怖的叫聲，然後就縱身一躍，顯然是跳到什麼山崖下面去了！

竇不疑沒有火把，看不清楚，追到山崖邊，只得作罷。

剛一轉身，正想要往回走，同伴們紛紛拍著手跳了出來。

竇不疑的本能反應自然是再度迅速拉弓，大夥兒見狀，紛紛驚叫，趕緊表明身分，竇不疑這才放下弓箭，很是意外的問道：「怎麼是你們？」

大夥兒到也坦白，七嘴八舌的解釋還不是因為怕他作假，結果一起來見證了他的的壯舉！

說著，提議射鬼的朋友也果真很講信用的遞了五千錢給竇不疑，竇不疑接過錢，很滿意，哈哈大笑，然後又招呼大家一起去喝酒。

第二天，大夥兒一起來到夜裡鬼跳崖的地方，結果發現了一個「方相」，旁邊還有三支箭，正是竇不疑的箭。

（所謂「方相」，就是古代出殯時用紙糊的面目猙獰的開路神。）

從此以後，這裡就再也沒有什麼攔路鬼出現了，而竇不疑「不怕鬼」、「膽量過人」的美名也傳播得很廣。

竇不疑後來的官運也不錯，一直做到了中郎將。當他在七十多歲告老還鄉的時候，在路上遇到了一件怪事。

那是天寶二年十月的某一天，已經進入冬天，天氣已經開始冷了。當天下午，經過陽曲，竇不疑在一個朋友家稍事停留，喝酒聊天，主人熱情挽留他就先住下，第二天再回家，但是竇不疑不肯。

「再說再說，我們先喝酒。」儘管年事已高，不過竇不疑的身體還很硬朗，還像年輕的時候那麼愛喝酒。

因為陽曲就在他老家太原的城北，相距大約一百里，其實離家也不算太遠，竇不疑便打發隨從先回去通告家人一聲，說自己會稍晚一點回來，然後就獨自留下來跟朋友喝酒。

到了黃昏，朋友再度殷殷挽留，可竇不疑還是堅持要走。最後，主人苦留不住，只得無奈的看著竇不疑跳上馬背就這麼走了。

從陽曲到太原，中間有一段是古戰場，從來就沒有什麼人煙。這天，當竇不疑騎著馬來到這裡的時候，已經入夜了，忽然看到大路兩旁怎麼全是商家，而且還人聲鼎沸，非常熱鬧。

竇不疑有些糊塗，一開始還以為自己已經回到太原了，但是看看那些店家商鋪以及街道，又覺得不像，仔細一想，並不記得有經過城門，而且時間也不對呀。可是，這天晚上的月色似乎特別明亮，眼前這一切看起來又是這麼的真切，這到底是怎麼回事啊？

只見街上那些男男女女都像是在過節似的，有的聚在一起唱歌，有的聚在一起跳舞，還有很多人是一起唱著歌，並且一起用腳在地上踩出整齊的節拍。竇不疑不禁放鬆了韁繩，眼裡看著他們歡樂的樣子，耳裡聽著他們動人的踏歌聲，十分出神，都沒注意到自己竟在不知不覺之中被密密麻麻一大堆的孩子們圍住，等到他恍然發覺的時候，他已經身陷人潮之中，馬兒根本進退不得。

正好這時旁邊有一棵大樹，竇不疑一時情急，馬上折斷一根粗粗的樹枝，四下揮打，總算把那些包圍著他的孩子們都給驅散了。

竇不疑趕緊往前走，看到一家客棧。剛剛靠近客棧，就有很多很多身材高大、穿戴講究的男子圍上來，像剛才那些孩子一樣的把他包圍，還有很多人是繞著他和馬不停的轉著圈，載歌載舞，看得竇不疑頭發昏，於是，他又用力揮舞手中的樹枝，再度把這些人給趕走。

過了一會兒，這些男子就都陸續消失了。

「真是的，難道今晚是見了鬼不成？」竇不疑的心裡直犯嘀咕。

他琢磨著，看來這大路上都是些鬼怪，還是別走大路改走小徑吧。於是就驅馬離開了大道，改往荒原裡走。

走了好一會兒，從一個山坡上，看到下方不遠處有一個小村落，竇不疑估計大概至少有幾十戶人家吧。竇不疑心想，夜很深了，山路不好走，今天晚上又特別奇怪，想想還是別走了，找個人家借宿一宿，等明天早上再走吧。

然而，當他稍後走進這個村子，一連敲了好幾戶人家卻都沒有人回應。沒辦法，竇不疑只好走進一戶沒有門栓的院落，把馬兒繫在一根柱子上。這是一座小廟，竇不疑扯著嗓子叫了半天，還是不見任何人出來。

這時，竇不疑也累了，就在臺階上坐了下來。

「好吧，就這麼休息休息好了。」竇不疑盤算著。

剛剛放鬆下來，忽然看到一個濃妝豔抹的女子，邁著阿娜多姿的步子，從大門走了進來，一直走到竇不疑的面前，然後向竇不疑作揖。

「你這是幹什麼？」竇不疑粗聲粗氣的問道。

意思自然無非是——我又不認得你，你幹麼要跟我作揖？

女子含笑道：「我看夫婿一個人在這裡待著，所以特地來陪伴您。」

「夫婿？誰是你夫婿？在哪裡？你弄錯了吧，這裡除了我沒有別人。」

不料，女子居然極其嫵媚的看著竇不疑說：「先生，您不就是我的夫婿嗎？」

一邊說，一邊還嬌滴滴的慢慢往竇不疑靠近。

竇不疑可不認為這是什麼飛來豔福，一聽就大怒道：「大膽！快給我滾！別在這裡胡言亂語！」

說著，掄起拳頭就要打，女子急忙尖叫著退走了。

趕走了那個女子，竇不疑轉身看看廟裡，覺得好像還算乾淨，心想還是進屋去吧。

他進去走了一會兒，找到一個廳房，看到裡頭有一張床。已經折騰了大半夜的竇不疑，疲憊不堪，一見到床馬上就爬上去躺著。

躺了一會兒，剛剛快要沉沉睡去的時候，從房梁上忽然掉下來一個東西，不偏不倚就掉到竇不疑的肚子上。

竇不疑被驚醒了，本能的就用手去打那個東西，卻聽到一陣狗叫，一面叫一面蹦到地上，然後轉眼就變成一個人形，個子雖然不大，但是渾身發光，很快就鑽進牆壁裡不見了。

竇不疑覺得這座廟、這個村子，顯然也不對勁，在這裡一定也沒有辦法安安穩穩的過夜，心想還不如繼續趕夜路回太原算了。

主意打定，他馬上回到院子，解下馬的韁繩，跳上馬就走。

走呀走呀，走了好一會兒，四周一直非常安靜，再也沒有看到什麼奇怪的現象。

竇不疑畢竟是年紀大了，覺得很累，看到路旁有一座樹林，就走進林子，下了馬就地一倒；本來只想休息一下，沒想到等到天亮的時候，竇不疑想起身，卻彷彿被什麼人死死的壓住似的，怎麼也動不了。

幸好他的家人見他夜裡遲遲沒有回家，一大早就派了人出城到處找他。等到家人在這片樹林裡找到竇不疑的時候，竇不疑的精神非常恍惚，甚至還相當呆滯。

大家慌慌張張七手八腳的把他抬到馬背上馱回去。

後來，竇不疑一直斷斷續續的念叨著那天夜裡所經歷的一切，但始終是顛三倒四，語無倫次，怎麼說也說不清楚。大家還是弄不清那天夜裡究竟發生了什麼？竇不疑究竟看到了些什麼？大家只覺得竇不疑的魂好像已經被嚇丟了。

竇不疑很快就病倒，而且一個多月以後就死了。

竇不疑在年輕的時候射鬼，而在老年的時候儘管遭鬼戲弄，其實表現得也不像是一個膽小鬼，只可惜後來的下場不大妙。

不過，考慮到竇不疑告老還鄉的時候畢竟已經是一個老先生了，也許後來他是忽然發病而不是被嚇出病也說不定？

調皮鬼

在很多鬼故事中，鬼也不盡然就是會害人的，有的時候好像就只是喜歡嚇嚇人而已。

話說在吳大帝孫權赤烏三年，句章縣有一個百姓名叫楊度，有事要去餘姚。

為了盡早趕到目的地，楊度趕著車，日夜兼程，絲毫不敢耽擱。

這天晚上，當楊度正在趕路的時候，看到路邊站著一個年輕人，手拿著一個琵琶，請求搭車。

楊度答應了。年輕人上車之後不久就開始彈琵琶，而且一彈就彈了幾十支曲子（可真能彈啊），楊度大概還正慶幸著有音樂一路相伴，趕夜路的時候不容易打瞌睡吧，沒想到年輕人在曲子彈完以後，忽然吐出舌頭，裂開眼睛，把楊度嚇得魂飛魄散以後就走了。

（真是恐怖的謝幕方式啊。）

楊度好不容易才驚魂甫定，趕緊繼續趕路。

又走了二十多里，又看到路邊有一個老頭，而且也是請求要搭便車。

楊度想想，還是同意了。

兩人開始閒聊。老頭告訴楊度，自己姓王，名叫戒。

閒談間，楊度說：「我今天晚上雖然飽受驚嚇，但同時也長了見識，我到今天才知道原來鬼是擅長彈琵琶的，而且曲調還很悲哀。」

王戒問道：「你覺得好聽嗎？」

「好聽。」

「那我彈給你聽吧，我也會彈的。」

說著，不知道打哪兒就摸出一個琵琶。

楊度呆呆的看著。只見王戒銜著他笑了一下，然後又是裂開眼睛、吐舌頭，把楊度嚇得差點兒沒昏死過去。

原來，這個王戒就是剛才那個鬼啊。

在這個故事中的鬼，就沒做什麼特別的壞事，就是嚇嚇楊度而已，簡直就是一個調皮鬼。不過，如果楊度的膽子很小，一個晚上連續被嚇這麼兩次，搞不好也就被嚇死了也不一定。

託夢

在古人的想像中，鬼是住在另外一個世界的，屬於陰界，所謂「陰陽兩隔」，在人死了以後即使還有思維，也是很難與陽間的人溝通的。

在這樣的情形之下，有一種重要的溝通方式，那就是「託夢」，就是說逝者出現在生者的夢中，然後在夢中把自己的心意告訴生者。

當然，這樣的溝通能否奏效，有一個前提，那就是還得看看被託夢的那個生者信不信。通常，親人之間的託夢成功率比較高，想必是因為感情因素在其中發揮了很大的作用。

我們不妨就來看看下面這個故事。

話說在三國時代，有一位領軍將軍，名叫蔣濟。

（「領軍將軍」是一個官名。東漢末年曹操擔任丞相時設「領軍」，為相府屬官，後來改名為「中領軍」，到了魏晉時又改稱為「領軍將軍」，負責統帥禁軍。）

有一天晚上，蔣濟的妻子做了一個夢，夢到他們死去的兒子，而且兒子還在夢中哭訴。

哭訴什麼呢？兒子在夢中哭著說，當自己還活著的時候，好歹也是一個卿相的子孫，沒想到如今在地下卻是泰山府君的役卒，每天都有做不完的勞動，實在是苦不堪言，現在，他好不容易打聽到一個消息，或許能夠為自己悲慘的處境帶來一些轉機；聽說人間太廟西邊有一位「謳士」（就是祭祀時負責唱讚的人），叫做孫阿，即將在兩天後的正午被召為新的泰山令，因此希望母親代為稟告父親，請父親趕緊去找到孫阿，拜託孫阿赴任之後，幫忙自己調一個比較輕鬆和舒服的差事。

翌日清晨，蔣妻醒來以後，馬上就把這個夢告訴蔣濟。

蔣濟剛剛聽完就嗤之以鼻道：「荒唐，叫我去找一個不認識的人，然後告訴他『你的死期就要到了』？——」

（是啊，「泰山令」是陰間的官，「即將被召為新的泰山令」可不就是「馬上就要死了」這個意思嗎？）

蔣妻說：「可是——兒子在夢裡說得那麼清楚，實在不像是假的啊——」

「什麼話，夢本來就是虛假的，不值得放在心上。」

蔣妻望著丈夫，雖然她的心裡還有很深的疑惑，但也不敢再爭辯。

這天晚上，蔣妻再度夢到亡兒。兒子在夢中哭得更厲害了，斷斷續續的說，他是和眾多苦力一起來迎接新府君，新府君第二天中午就要出發了，出發的時候事情很多，那個時候不可能回來，只能趁著現在忙裡偷閒回來看一下

——

說著說著，兒子又悲呼道：「兒在此要與母親永訣了！父親的氣太強盛，難以感應，所以沒辦法讓父親明白，只有請求母親再試一次，請母親告訴父親，為什麼不站在愛惜兒子的立場，就『寧可信其有』一次呢？我可以把孫阿先生的模樣仔細描述給母親聽，請母親聽好……」

天一曚曚亮，蔣妻馬上又去找丈夫，把夢中亡兒的泣訴詳細描述了一遍，並且流著眼淚哀求道：「兒子說得很對，就算是無稽之言，你就不能站在愛惜兒子的立場試試看嗎？兒子把那位孫先生的相貌描述得那麼仔細，這實在不像是我自己一個人胡扯出來的呀！更何況，我連續兩天做了幾乎是同樣的夢，哪有這麼巧的呢？請你趕快去打聽看看吧，按兒子說的時間就是今天正午了啊！」

大概是妻子的眼淚終於打動了蔣濟，也或者是蔣濟也覺得這個事實在是有點兒詭異，於是就派人去太廟查找，看看是不是有一位負責唱讚的孫阿先生？

如果有，就馬上把孫先生給帶過來。

士兵的查找很快就有了消息。

「報告大人，人找到了！」士兵回報。

「哦？」蔣濟有些意外，「真的有一位孫阿先生？」

「是的。」

「那——你把他帶回來了？」

「是的，孫先生現在就在門外。」

「好，趕快把他帶進來！」

不久，等到孫阿一走進來，蔣濟真是無比的驚訝，因為眼前這位孫阿無論是年紀、高矮、外型，都跟亡兒在夢中所描述的基本一致。

而孫阿呢，看起來則是有些疑惑；他猜不透領軍將軍是為了什麼事要召見自己？

蔣濟請孫阿先坐下來，叫人奉茶，然後反覆琢磨到底該如何啟齒？幸好孫阿看出了蔣濟似乎有些難言之隱，就大膽主動詢問，自己有什麼可以為領軍將軍效勞的地方？

蔣濟只得吞吞吐吐的把意思大致給說了。結果，這個孫阿還真是一個豁達之人，知道自己已經沒幾個時辰好活，一點也不害怕，更沒有哭天喊地，事實上他還表示很高興知道自己有這個榮幸可以到陰間去做泰山令。

「如果事情真的像您說的那樣，不知道貴公子想做什麼樣的工作？」孫阿問道。

蔣濟的回答是，希望按照那裡的規矩，什麼樣的事情輕鬆快樂就讓他做吧。

（這個回答真的好聰明啊，因為蔣濟又沒去過陰間，怎麼知道什麼樣的工作好、什麼樣的工作不好，當然還是要按照陰間的規矩以及陰間的標準，來為亡兒安排一個好工作了。）

孫阿恭恭敬敬的說：「您放心吧，一定會按照您的意思去辦的。」

蔣濟感到很欣慰，馬上給了孫阿一筆豐厚的賞賜，然後孫阿就告辭了。

孫阿走後，蔣濟就派了士兵去留意孫阿的情況，想知道亡兒夢中的預言是否真的會應驗，因為孫阿看起來那麼健康，實在不像是馬上就要駕鶴西歸的人啊。

過了沒多久，士兵傳來消息，說孫先生忽然心口痛。

又過了一會兒，消息說，孫先生的心痛得厲害。

到了正午，最後一個消息傳來，說孫先生去世了。

蔣濟默默流下了眼淚，心想，總算是沒有辜負亡兒的期待啊。

一個多月以後，蔣妻第三次夢到了死去多時的兒子，兒子在夢中顯得神采奕奕，說多虧父親及時跟新府君打了招呼，新府君一到，就替自己調換了工作，現在自己的日子過得非常不錯。

說起來這個蔣濟的兒子也真夠那個的，「走後門」居然走到母親的夢裡來了，而且居然還真的靠著這樣的方式讓自己在陰間有了舒適的生活。

所謂「父親的氣太強盛，難以感應」的說法，似乎也是古人對於託夢這種方式是否有效的邏輯，也就是說不是每一個人都是逝者想託夢就可以託的，這也有點像現代心理學中不是每一個人都可以被催眠的一樣。

人鬼相戀

一提到鬼故事，可能很多人馬上就會想到人鬼相戀的故事，這確實是鬼故事中一個相當重要、同時也是相當常見的主題，表達了人們期待陰陽兩界能夠相通的願望。

下面我們就來看兩個這樣的故事吧。

第一個故事，女主角居然是春秋戰國時期吳王夫差的小女兒，名叫紫玉。

（春秋末年的歷史主軸就是吳越相爭，吳王夫差不聽伍子胥的忠告，在可以滅掉越國的時候心慈手軟，當然也或許是因為貪戀越王送來的美女西施等其他原因，總之就是錯估了形勢，後來越王句踐復國以後，吳王夫差便自殺了。）

在紫玉十八歲那年，無論是才藝或是容貌都很出色。她愛上了一個十九歲的男子韓重，兩人不僅經常偷偷的書信往來，還私訂終身。儘管韓重是一個普通老百姓，紫玉還是很喜歡他，願意做他的妻子。

韓重懂一點道術，不過他還是頗知道上進，想要去外地求學。在他出發前往當時經濟文化比較發達的齊、魯之地求學之前，囑託父母去向吳王提親，懇請吳王同意把紫玉嫁給他。

在當時階級意識那麼強烈的時候，一個平民居然膽敢來求婚，這可真是把吳王給氣壞了，自然當場就嚴詞拒絕。

這讓紫玉非常鬱悶，竟然就病倒了，而且很快就香消玉殞。

三年以後，韓重的學業告了一個段落，滿懷希望的回來了。他原本期望回來以後就能開始著手準備與紫玉的婚事，沒想到父母告訴他的卻是「吳王大怒，拒絕了求婚，紫玉姑娘也因怨氣鬱結而死，早就已經埋了」……

韓重一聽，如遭雷擊，愣了半晌，這才能稍稍回過神來傷心痛哭。

「紫玉——她埋在哪裡？——」想到紫玉竟然已經不在了，韓重就覺得悲痛莫名。

父母說，就埋在閶門之外。

於是，韓重準備了一些祭品，獨自前往紫玉的墓前去憑弔。

令韓重意想不到的是，沒過一會兒，在他的淚眼模糊中，紫玉竟然出現在自己的面前！

儘管明知這是紫玉的鬼魂，但是韓重在短暫的訝異之後一點也沒有感覺到害怕，紫玉畢竟是自己的愛人啊，更何況此時的紫玉看起來就跟自己的印象中一模一樣，還是那麼的青春美麗。

「啊，你回來了。」紫玉哀怨的說。

「我回來得晚了——」韓重一臉凝重，十分黯然。

他怎麼也想不到自從上次一別，兩人竟然就陰陽兩隔了啊。

紫玉說：「你走了以後，二老向父王求婚，原本以為我們很快就可以在一起了，沒想到後來卻是這樣的結局，每每想起，總是感到非常的遺憾和無奈──」

說到這裡，紫玉就輕輕的唱了起來：

「南山有烏鵲，北山張羅網；烏鵲已高飛，羅網可怎麼辦！我一心想追隨你，但是流言阻礙了我的腳步。由於悲傷過度，以致一病不起，想想我們的命運實在是太不幸了啊！可是我們又能怎麼辦呢？百鳥之王，名叫鳳凰，一旦失掉雄風，三年仍感傷悲，即使鳥兒眾多，也不能配成雙。為了你的緣故，今天我特地來見你，想要告訴你，身遠心相近，何日才相忘？……」

紫玉唱得十分動情，韓重聽得也十分傷感。

等到一曲唱罷，兩人都是淚流滿面。

不過，儘管這樣，稍後當墳墓裂開，同時紫玉向韓重提出了一個邀請，或者應該說是要求的時候，還是把韓重給嚇了一大跳！

紫玉竟然邀請韓重跟自己一起回到墳墓裡去生活三天！

韓重很是為難，低低的說：「可是——生死不同路，這樣恐怕不大好吧？」

（意思是說，既然陰陽兩隔，我們現在就是兩個世界的人了，我一個大活人跑到你們陰間去，這顯然不大合適吧！）

紫玉聽了，悽然一笑，「我當然也知道生死不同路，但是難道你還怕我會害你嗎？今天一別，就永遠沒有重逢的機會了——」

（陰間的人，消息總是比較靈通，總是會知道很多陽間人士所不知道的事。）

說著說著，紫玉似乎悲從中來，傷心的說：「我向你獻上一片真心，難道你還不相信嗎？」

（就算感情再好，陽間的人會猶豫其實也是很正常的，一方面是礙於陰陽兩隔的事實，另一方面多半也是不確定人死了以後，一切的思維和情感是否仍然還會像活著的時候一樣。）

不過，看紫玉的鬼魂說得這麼情深意切，韓重沒有再拒絕，就那麼真心真意的跟著紫玉走進了墳墓裡。

他們一走進去，從外面看來，墳墓立刻合攏起來，而在裡面呢，韓重則覺得自己是來到了一個與陽間完全沒有兩樣的世界；這裡是紫玉的家，他們就在這裡一起吃、一起睡，共同生活了三天，就像一般正常不過的夫妻一樣。

等到時候到了，紫玉要送韓重走出墳墓之前，拿出一顆直徑一寸的明珠送給韓重。

兩人離情依依，紫玉要韓重好好保重身體，還要韓重如果有機會去她家，就去向父王致意。

紫玉或許只是隨口說說，韓重卻當成一回事，從墳墓裡出來以後，馬上就帶著那顆妻子所送的明珠去求見吳王，並且報告自己和紫玉在墳墓裡生活了三天的事。

在韓重看來，他只是按照妻子的囑咐來拜見岳父，不過，他沒想到吳王之前就拒絕過他的求婚，現在又怎麼可能會輕易承認自己的身分呢？

在聽韓重說明來意之後，儘管吳王一看那顆明珠就可以肯定的確是自家的東西，但是吳王可不認韓重這個女婿。

不僅不認，吳王還氣得大吼道：「大膽刁民！一定是你私自盜墓，偷拿我們家的東西，還假託神鬼，跑到這裡來胡說八道，破壞我女兒的名節，還不快滾！再不滾我就砍了你的腦袋！」

韓重慌忙逃走，一路就直奔紫玉的墓前，大聲呼喚紫玉的名字，頻頻訴說由於自己莽撞跑去認親結果導致現在大難臨頭。

紫玉遂突然在吳王面前現身。

當時，吳王都還在氣頭上呢，猛然見到愛女，簡直不敢相信，看了半天，結結巴巴道：「你——你怎麼又活了？」

紫玉沒有回答這個問題，只是跪在地上，說明自己過去和韓重本來就情深意切，無奈由於父王的反對，兩人無法結成連理，這次完全是自己主動把韓重帶進墓中，並且最後還把那顆明珠送給韓重，希望給韓重做個紀念，總之，韓重絕對不是一個盜墓者，這個事情就請父王不要再追究了……

正說著，吳王的夫人驚聞小女兒的亡魂出現，趕緊趕了過來，一看到紫玉，就激動的衝上前去想要抱她。

但是，也就在這個時候，紫玉就像一縷清煙一樣的消失了。

在很多人鬼相戀的故事裡，女主角總是出於情感或是一心想要幫忙解決男主角困窘的現實環境，而把什麼貴重的東西送給男主角，也因此會為男主角惹來麻煩，幸好最後的結局往往都還是好的。

我們再來看一個故事，看看女主角這回會送什麼東西給男主角。

話說從前在隴西郡有一個名叫辛道度的人，喜歡到處遊學。

這一年，他遊學來到雍州城外，距離城裡還有四、五里左右的地方，看見一所大宅院，一個穿著青衣、一副丫鬟模樣的女子剛巧站在門口。

這時，辛道度又餓又累，便上前去客客氣氣的請問能不能給自己一點食物？

（這簡直是化緣式的遊學啊。）

丫鬟讓辛道度等一下，說她要進去稟告一下主人。

不久，丫鬟回來了，帶來一個令辛道度意想不到的好消息。

丫鬟說：「主人請您進去就餐。」

辛道度自然是高高興興的就跟著丫鬟進去了。

丫鬟把辛道度帶到一個精緻的閣樓。

很快的，他見到了所謂的主人，更加驚訝；原來是一個相當年輕的女子。

只見女子閒適的坐在西邊的榻上。辛道度自我介紹以後，女子便讓他坐在東榻，並且立刻下令準備飯菜。

稍後，飯菜備好了，非常豐盛。女子要辛道度盡量吃，不要客氣，還要丫鬟在旁邊注意要不時替辛道度斟酒，總之就是用十分誠懇和熱情的態度來招待他。

在酒足飯飽之際，女子告訴辛道度，她是秦閔王的女兒，小時候就被許配給曹國，不幸還沒有出嫁就死了，女子又說，其實自己已經死了二十三年，一直獨自住在這座大宅院裡，今天辛道度來到這裡，表示他們倆前世有緣，可以在這裡一起生活三天三夜，做三天的夫妻。

等到三天期滿，女子告訴辛道度，他是活人，她是鬼，不能在一起太久，否則就會給辛道度帶來災禍，因此催促辛道度快走，不過，在辛道度走之前，女子叫丫鬟打開一口大箱子，從裡頭拿出一個金枕，然後送給辛道度當作信物。

一切安排妥當，女子便哭著要丫鬟送辛道度出門。

出了大門，走沒幾步，辛道度戀戀不捨的一轉頭——天啊，哪裡還有什麼大宅院，眼前除了一座偌大的墳墓以外，就沒有別的了！

他到這個時候才猛然驚覺，原來女子告訴自己的事情全是真的呀！他還以為女子是在跟自己開玩笑呢！

低頭一看——咦，女子送給自己的那個價值不斐的金枕倒還是好端端的，沒有突然就變成什麼磚頭之類。

不久，辛道度到了秦國，由於生活困難，也或者是他知道這個金枕原本就是要用來保障自己的生活，於是就拿到市場上去賣。

居然就那麼巧，剛巧就被偶然間經過的秦王夫人看到了。

一開始，夫人還不敢相信，只是覺得眼熟，趕緊叫身邊的人把辛道度連同那個金枕帶過來，再仔細一看，不禁當場失聲痛哭！

「這是我女兒墓中的東西啊，你是從哪裡拿來的？」夫人幾乎是泣不成聲。

辛道度只得把自己的一番奇遇說了。

夫人聽了以後，半信半疑，馬上派人去挖開女兒的墓檢查，結果，當年所有的陪葬品都在，唯獨少了一個金枕，也就是現在辛道度手裡拿的這一個。

夫人這才相信了辛道度所說的話，不由得驚訝萬分道：「我的女兒真有神通啊，都死了二十三年了，居然還能夠和活人交往。」

於是，夫人就認了辛道度這個女婿。後來，辛道度被封為駙馬都尉，同時夫人還賞賜給他許多金帛車馬。

據說，從此大家就把女婿稱為「駙馬」。而帝王的女婿就更是「駙馬」了。

原來「駙馬」這個詞還是來自於一個鬼故事呀！

復活

在一些人鬼相戀的故事裡，我們還可以看到大家往往不能滿足於這樣陰陽兩隔的戀愛，而還會更進一步希望鬼能夠復活，這樣雙方才能夠永遠的在一起。畢竟絕大多數的古人都還是比較喜歡大團圓的劇情吧。

不過，要讓鬼復活，當然並不容易。

我們不妨來看看發生在一位姓談的書生身上的遭遇。

談生是一個單身漢，都已年屆四十了，還是孤家寡人一個。

不過，這不代表他就不需要感情，事實上談生的感情相當豐富；他經常感情激昂的誦讀《詩經》就是一個很好的例子。

有一天夜裡，一個年約十五、六歲的美麗女子，突然出現在談生的面前，表示願意做談生的妻子。從此，談生再也不孤單了。

這個年輕的妻子不僅容貌很好，服飾也很講究，一看就不是出自普通人家，而且難得的是性格也非常好，溫婉賢淑，兩人相處得非常和睦。

不過，女子有一個奇怪的規矩。她告訴談生：「我和常人不同，夜裡睡覺的時候千萬不要用燈火照我，要等到三年以後才能照。」

談生答應，說一定會遵守妻子的規矩。

就這樣，他們做了兩年多的夫妻，還生下了一個兒子。

在三年期限即將屆滿的一天晚上，談生忽然怎麼也按捺不住自己的好奇心，夜裡趁著妻子已經熟睡的時候，悄悄爬起來舉起火燭就朝著妻子照過去——

啊，這一照，談生不禁大聲驚叫起來！

原來，躺在床上的妻子，只有上半身與常人無異，但是下半身卻是一副枯骨！

（實在是很恐怖啊。不過這個談生也真夠遲鈍的，人家一開始就告訴他自己「與常人不同」，那個時候他怎麼就一點也不好奇、一點也不起疑呢？）

在談生的尖叫聲中，妻子自然也醒了。她重重的嘆了一口氣，哭著說：「哎，眼看就要滿三年了，眼看我馬上就可以復活了，為什麼你就不能再多忍耐一下、再多等一等呢？」

這時，談生已經很快恢復了平靜，聽到自己無意中破壞了妻子的復活計畫，後悔得不得了，拚命道歉，希望還有彌補的機會，但是妻子只是不住的搖頭道：「來不及了，太遲了，我們的緣分盡了。」

這也就表示兩人即將要面臨分離。在這個應該是感情氾濫的時刻，妻子所想、所擔心的卻是現實問題。

妻子流著淚說：「以後我們雖然做不成夫妻了，但是孩子總還是我的孩子，你這麼窮，以後你跟孩子要怎麼生活呢？」

（言下之意似乎是說，在他們共同生活的這兩年多，都是這個妻子在負責生計？）

妻子愈想就愈不放心，思索一陣之後，對談生說：「這樣吧，你跟我來一下，我要送你一樣東西。」

談生乖乖跟著妻子走到附近一座非常華麗的房子裡頭，屋子裡頭所有的用品看起來都是不同凡響，都不是普通人家用的東西。

談生咕噥著：「奇怪，這附近居然有這麼一戶富貴人家，我怎麼從來都不知道？」

妻子取出一件極為名貴、上面都綴有珠寶的袍子，默默的送給談生，輕輕的說了一聲：「必要的時候可以作為你們父子生活的保障。」

（意思顯然是說，缺錢的時候只要把這個值錢的袍子拿去賣了，就會有錢了。）

此外，妻子還依依不捨的撕下談生身上的一片衣襟，說要作為紀念，然後才叫談生趕快離開。

過不了多久，談生就已經快要斷炊了，於是就拿著那件袍子到市集上去賣。

這件袍子很快就吸引了很多人的目光，然後以一個很高的價錢賣了出去。但是，與此同時，談生也被帶到了睢陽王的面前。談生這才知道，原來那件袍子是被睢陽王的家人所買走的。

睢陽王嚴厲的問道：「這是我女兒的袍子，怎麼會在你的手裡？一定是你盜墓，是什麼時候盜的？有幾個同謀？還偷了哪些東西？快快從實招來！」

談生自然是拚命喊冤，把這兩年多來的情形統統都說了。睢陽王不信，馬上親自去察看愛女的墓。

到了墓前，只見墳墓完好，沒有被破壞的痕跡，光是這一點就不大對勁，因為如果是盜墓，不可能不破壞墓。緊接著，睢陽王又在女兒棺木的棺蓋下面，找到了一片衣襟，經過比對，正是談生的衣襟。

最後，睢陽王叫談生把兒子抱過來看看，一看之下，睢陽王的家人都覺得這個孩子跟睢陽王已故的女兒確實是長得很像。談生所說的一切匪夷所思的事，到這個時候才總算全部得到印證。

等到睢陽王再次召見談生的時候，不但賜給他很多財物，還把他當成了女婿，稍後甚至還上奏皇帝，封談生的兒子為郎中。

還魂

可能是考慮到如果既然已經死了，想要再活過來確實不易，因此，在鬼故事中還有一種類型，那就是「還魂」的故事。

我們就來看一篇這樣的故事，篇名叫做〈梅異〉。

話說在風景秀麗的吳楚之地，有一位姓林的書官。他是無錫人，做了三十年的秀才，最後是憑藉著選拔貢人的身分才被授予這個書官的職位。在已經確定可以補官，並且即將要去姑蘇（現在的蘇州）赴任的時候，因為家裡沒有女主人，他便向一戶吳家求婚，他很中意吳家的一個女兒吳嫻。

這個吳嫻，小小年紀就已經是一個小才女。她從小就學習詩文，並且表現出不凡的天賦，據說她所作的詩，風格很像謝道蘊（生活於東晉，在形容雪的時候說「未若柳絮因風起」的那一位），所做的文章又很像班昭（東漢時期的奇女子，是中國歷史上第一位參與正史寫作的女性），總之，在當時所有的大家閨秀裡頭，吳嫻可以說是最有才華的。

吳嫻的父親也是一個老秀才，儘管明知雙方年齡差距很大，求婚者都已經五十多歲了，而女兒吳嫻甚至還不夠婚齡！但是因為看到對方即將要去補官，感覺這還是一門很不錯的親事，便答應了下來。而在古代大多數的婚姻幾乎都是受自「父母之命」的情況之下，吳嫻就算心裡有千百個不樂意，也只得嫁了，然後就跟著丈夫去就任。

在姑蘇的那幾年日子裡，夫妻生活不難想見自然是異常平淡，甚至可以說是異常無趣。在吳嫻看來，丈夫不僅年紀太大，而且除了會寫八股文之外，其他一竅不通，按今天的話來說，就是雙方完全沒有共同語言。幸好姑蘇當地有很多年輕女性，因為聽說了吳嫻的文采，都帶著刺繡等精緻的禮物主動來拜訪

她（一直到今天，蘇州的刺繡都還是非常有名的），想要結識她，有了這些好姐妹，吳嫻的日子總算不會那麼鬱悶、那麼無聊了。

這樣過了幾年，在吳嫻二十歲那年，因為丈夫年老多病，向上司提出告老還鄉的意思，上司也沒有多加挽留，於是，在這一年的春天，吳嫻就收拾好行李，準備和丈夫一起返回無錫老家。

出發那天，江邊都結滿了彩帶，岸邊也停滿了香氣撲鼻的轎子，因為女伴們都捨不得吳嫻，都紛紛前來送行。

（當時主要還是走水路。）

就在離別宴剛剛結束，帳棚都還沒來得及收起，吳嫻正在和女伴們一一話別的時候，她忽然看到一個彎腰駝背、長相十分醜陋的老太太從船篷底下走了出來。吳嫻正想要問問身邊的婢女，這個老太婆是誰？怎麼會在他們的船上？老太太竟然已經動作很快的走到了她的面前，然後朝著她吹了一口氣！

這口氣，感覺就像冬天刺骨的寒風，吳嫻被這麼一吹，馬上就暈暈呼呼的，幾乎無法站立。

老太太一把抓住她的手臂，扶住她，然後對她說：「別怕，我只是奉各位姐妹的命令，前來請你去敘一敘，沒有惡意。」

說著，老太太架著吳嫻就走。走了沒幾步，兩個容貌秀麗的陌生女子就迎了上來，衝著吳嫻和老太太就笑，還打趣的對老太太說：「哎呀，這樣來請客人也太可怕了吧！」

老太太也笑道：「要不然像你們那種斯文的請法，還不知道什麼時候才能夠把人家給請來呢。」

吳嫻疑惑的看著她們，有一肚子的問題想問，可是還不等她開口，一頂華麗的轎子已經停在她的面前，然後老太太用力一推，就把她推進了轎子。吳嫻才剛剛坐定，就感覺轎子飄了起來。

吳嫻大吃一驚，尖叫不已，老太太看了她一眼，非但不安慰她，反而還像取笑她似的說道：「怎麼變得這麼膽小？你在二十年前也這樣走過的呀，難道你全忘了嗎？」

那兩個女子到是溫柔的勸慰吳嫻，要她放心，說很快就到了。

轉眼之間，她們果然就來到一個地方，乍看好像跟姑蘇頗為近似，也有很多白牆黑瓦，亭臺樓閣，還有一座很像虎丘山的小山，但是仔細一看就會發現眼前的景象又比姑蘇城還要精緻好幾倍。吳嫻感覺自己彷彿是看到了在人間所看不到的景致。

接著，她被帶到了一座很大的宅院。剛下車，就聞到一股奇異的香味，走進一看，發現放眼望去院子裡幾乎全是梅樹，保守估計恐怕至少也有數百株之多。吳嫻呆呆的看著，更加感覺到自己是來到了仙境。更奇怪的是，這個仙境居然讓她有一種非常親切的感覺。

就在這時，十幾個女子一下子統統都擁了出來，嘴裡都在親熱的叫著：「妹妹來了，妹妹來了！」

吳嫻看著這些包圍著自己的女子，一個個都是那麼的嬌豔；看她們如此熱情的態度，彷彿都跟自己很熟，但是吳嫻自己卻是一頭霧水……

後來，經過這些女子

的解釋，吳嫻才知道原來她們都是梅花精，而且原來自己也曾經是她們其中的一員！只是後來因為某些原因遭到上天的懲罰才會墮落到人間。

吳嫻心想，怪不得呢，怪不得剛才一到這裡就會有一種那麼親切的感覺。大家親熱的拉著吳嫻一起往裡頭走。接下來，她們一起作詩、作畫，好不開心。正當姐妹們還要大擺宴席來款待吳嫻的時候，吳嫻想起在江邊還有那麼多人在等著她，感覺已經出來得有一點久了，該回去了。

姐妹們都很通情達理，也不強留。其中一個女子還告訴吳嫻：「雖然你對痴老不滿意，但是也不要過於憂愁，明年此時我們就可以在梅花國團圓了。」

然後，女子們又讓那個老太太送吳嫻回去。

回去的時候，吳嫻感覺轎子走得更快，風在她的耳邊呼呼的吹著，好像沒一會兒就回到了岸邊。她提著衣群，剛剛下車，還沒站穩，忽然四周沒來由的颳起了大風，一下子就把轎子給吹翻了，吳嫻也跟著一陣踉蹌，大叫一聲，就倒在地上——

吳嫺忽然醒了過來。

這個時候，輪到周圍那些膽小的婢女要尖叫了。原來，吳嫺已經死了三個時辰了。

由於這個意外折騰了大半天，出發的日子只好順延一天，到第二天才再次啟程。

一年以後，吳嫺果然死了。

想必吳嫺是回到梅花國裡去了吧。

當她死了三個時辰以後居然還能夠再活過來，這就是典型的「還魂」。

到底有沒有鬼？

看了這麼多的鬼故事，也許你會想，到底有沒有鬼啊？其實，古人也有同樣的疑惑。在魏晉時代，「無鬼論」的思潮還曾經十分盛行，「有鬼論者」與「無鬼論者」也經常發生爭論。

我們不妨來看看《搜神記》裡頭的兩個故事。

有一個人名叫阮瞻，字千里，向來是一個「無鬼論者」，主張這個世界上根本就沒有鬼，所有關於鬼的傳聞全部都是無稽之談。

一天，有一個客人前來拜訪阮瞻，說對阮瞻慕名已久，有些問題很想跟他討教討教。阮瞻頗為熱忱的接待了這位陌生的訪客。

兩人天南地北的聊著，相當投機。不久，聊著聊著就聊到了這些神神鬼鬼的事。

訪客可以說是辯才無礙，但是阮瞻則顯然更厲害，兩人談了很久、討論了很久，最終還是訪客區居下風，被阮瞻辯得無話可說。

不過，阮瞻還來不及得意，訪客忽然沉下臉，瞪著阮瞻，「鬼神之說是古今聖賢都不會否認的，甚至可以說是共同相信的，為什麼你偏偏要說這個世界上沒有鬼？」

阮瞻說：「咦，我的道理、我的根據，剛才不是都已經詳細分析給你聽了嗎？」

這時，訪客看著阮瞻，非常不滿的說：「哼，我說不過你，不過，我可以告訴你——我就是鬼！」

（這句話可真是一個絕招啊！）

說著，訪客的形體就開始產生了變化，先是慢慢變淡，然後是慢慢變模糊，到後來就在阮瞻的眼皮底下，居然就這麼不可思議的消失了！

這一幕可把阮瞻看得澈底的呆掉了。

呆了半晌，他動了動嘴脣，好像想要說一點什麼，但是又什麼都說不出來。

一年多以後，阮瞻就病死了。

這個故事的結尾有些曖昧，似乎有些在暗示著阮瞻是被嚇死的；若果真如此，那他這個無神論者可真是說得比唱得好聽啊，嘴巴上說不相信有鬼，澈底否認有鬼的存在，結果一旦真的見了鬼，居然就這麼的不經嚇。（或者即使他被嚇，沒有當場被嚇死，而是過了一年多以後才死已經算是很好了。）

第二個故事，架構和前面一個類似，也是關於一個無神論者見鬼的故事，不過結局卻完全不同。

話說吳興郡施續擔任尋陽的督軍。施續口才很好，他有一個門生，同樣也是很有口才，只要和人辯論，因為反應敏捷，思維活潑，經常都能夠把對方辯得說不出話來。

這個門生是一個無鬼論者。一天，一個穿著黑衣白領的客人來訪，談著談著很快就聊到「世上到底有沒有鬼」這個話題上，兩人針鋒相對，辯論了很久，最後，客人似乎理屈詞窮，沒話說了。

但是，客人並不服氣，就說：「你只不過是擅於言辭巧辯，我說不過你，但是，事實勝於雄辯，我就是鬼呀，你為什麼還要堅持一定說這世上沒有鬼呢！」

這個門生聽了，為之一愣，半晌，才小心翼翼的問道：「如果你是鬼，你應該在另外一個世界裡待著，跑到這裡來做什麼呢？」

客人冷笑一聲，「哼，因為受命要來取你的性命！」

「啊，真的嗎？」門生大驚道：「我的死期到了嗎？」

「沒錯，就是明天吃飯的時候。」

門生很害怕，就拚命哀求，請鬼饒命。

這個鬼呢，也不知道是不是因為看這個傢伙哀求得太可憐了，或者是想要讓他親眼見識一下鬼的厲害，便同意放過他。只是，如果鬼就這麼回去，勢必也沒辦法交差啊，於是，鬼就問道：「在這裡有沒有什麼人跟你長得比較像？」

這個沒心沒肺的門生想了一想，居然說：「施續大人手底下有一個都督，很多人都說我們長得很像。」

「好，那你趕快帶我去見他。」

門生就帶著鬼去找那個倒楣的都督。

一進去，門生就發現都督看不見那個鬼，只看得見自己。兩人就這麼面對面坐著閒扯。

門生眼睜睜的看著那個鬼拿出一把大約有一尺長的鐵鑿，放在都督腦袋上方，比劃了一下，然後就舉起椎來敲打！

這時，本來還談笑風生的都督，忽然眉頭一皺，嘟囔道：「奇怪，怎麼頭忽然那麼痛？」

門生什麼話也不敢說。

就這樣，都督頭痛的情況愈來愈嚴重，到了吃飯的時候果然就死了。

說起來，故事中的門生和那個鬼真的滿缺德的啊，而且，難道陰間做事就那麼馬馬虎虎?該抓誰來居然可以那麼草率,隨便抓個長得像的過來湊數就可以了?

當然,這樣的故事可想而知大概多半是對於那些無鬼論者的一種質疑吧,意思無非是——這個世界上到底有沒有鬼,誰知道呢!何必非要把話說得那麼死,一點餘地也沒有,萬一這個世界上真的有鬼,萬一哪天鬼真的出現在你們的面前,你們還能這麼大膽、這麼的泰然自若嗎?

不過,這番恫嚇也好、提醒也罷,相信無鬼論者是不會買帳的;因為,他們只要簡單說一句話就可以化解了——「這個世界上根本就沒有鬼,我們怎麼可能會見鬼呀」!

所以,說來說去,「到底有沒有鬼」其實根本就是一種「究竟是先有雞才有蛋?還是先有蛋才有雞?」式的無解題。

喜歡老實人的精怪

無論在東方或是西方的民間故事中，都有不少屬於「傻人有傻福」這樣的模式，意思是說一個憨厚純樸的小老百姓突然交上了天大的好運，而帶給他好運的女主角往往都不是等閒之輩，不是天上的仙，就是地上的精或怪；像這樣的故事很能滿足廣大老百姓的幻想，進而給人以希望，讓人覺得就算眼前現實條件是多麼的不順遂，自己仍然隨時都有翻身的可能，而且不管是多麼卑微的小人物，也仍然有渴望幸福、追求幸福，進而擁有幸福的權利。

下面這個出自《子不語》的故事，也可以算是這樣的一個典型。

白虹精怪

從前，在浙江塘西鎮丁水橋有一位篙工，名叫馬南箴。

什麼是「篙」？就是撐船用的那種長竿子。古代江浙一帶很多水鄉，水路交通自然比較發達，老百姓出行往往都要靠水路，所謂「篙工」，就是專門負責撐著小船載送旅客的工人。

馬南箴秉性敦厚，熱心助人。篙工的工作滿辛苦的，屬於勞動階層，必須天天起早貪黑，但是他也很少抱怨，仍然盡自己最大的努力奉養著雙親。

（只有這樣的性格、這樣的好人，才有資格交上好運。）

在初秋的一天夜裡，雖然已經很晚了，馬南箴還沒有打烊，還在辛辛苦苦的撐著小舟夜行。

忽然，看到一個老婦人帶著一個年輕的姑娘在岸上向他招手。

船上的乘客都紛紛說：「已經夠擠的了，別讓她們上了，別管閒事了，快走吧！」但是馬南箴不肯。掙錢還是其次，他是想到夜已經深了，人家兩個女性一定是急著想要回家，自己怎麼能不管呢，如果把人家就這樣丟在岸邊，那多不安全。

所以，馬南箴就正色對乘客們說：「這三更半夜的，要是不讓她們上船，不顧她們的安全，豈不是太缺德了！」

說罷，馬南箴就逕自靠岸停舟，客客氣氣的請老婦和姑娘上船。

兩個女人上船以後，一直低著頭坐著，一言不發。

過了許久，秋風大作，馬南箴吃力的撐著船，努力保持小船的平穩以及前進的速度。

這時，老婦開口說話了：「這孩子真是的，就喜歡整人。」

姑娘則接口道：「您錯怪他了吧，他也是不得已啊，要不然世人要以什麼來分出四季呢？」

有幾個乘客聽到她們這番對話，都面面相覷，紛紛露出狐疑的目光。不過，儘管納悶，也沒人敢問她們所說的「他」究竟是指誰？

就在這種有些詭異的沉默中，船終於到了目的地北關門，這時天已經大亮了。

船一靠岸，乘客們付了船資以後就陸續各自離去。

該輪到老婦給船資了，沒想到老婦卻只塞給馬南箴一包東西和一塊很不起眼的麻布。馬南箴把那包東西打開來一看，原來是非常普通的黃豆。

「這是什麼意思？」老實的馬南箴看著手上的東西，愣愣的問。

老婦露出一副意味深長的笑容，看著馬南箴，慢慢的說：「坐船的錢我忘記帶了，這兩樣東西就給你當作船資吧。我姓白，我們家在西天門，歡迎你隨時來我們家玩，如果你想來，只要站到這塊麻布上就可以升天，直接就可以到我家了。」

馬南箴聽了這番感覺上實在是沒頭沒腦的話，再看看手上的東西，剛剛抬起頭來還想要再問問清楚，誰知老婦人才剛剛說完話，這會兒就跟那個姑娘一塊兒消失了。

馬南箴吃了一驚，再一回想老婦和姑娘打從招手要坐他的小船開始，她們的言行舉止似乎就不大像常人——

這麼一想，馬南箴立刻驚得幾乎要出了一身冷汗，因為他已經得出了一個結論——慘了！恐怕是碰到妖怪了吧！

這麼一想，哪裡還敢拿手上妖怪給的東西？馬南箴馬上本能的一拋，把那包黃豆和那塊麻布統統都扔掉了，然後拔腿就往家裡拚命的跑！簡直就像是逃命似的！

就在快要跑到家門口的時候，馬南箴停下來直喘氣，想要休息片刻，忽然感覺到衣袖裡好像有什麼小小硬硬的東西，一開始他還以為是小石子，正在納悶小石子怎麼會跑到自己的衣袖裡，萬萬沒想到等拿出來一看——

馬南箴的眼珠子都快瞪出來了！

這幾粒黃黃的「小石子」是剛才無意中掉到袖子裡的「黃豆」，而其實這哪裡是什麼黃豆，分明是幾顆金光閃閃的金子啊！

這是怎麼回事？馬南箴再一回想老婦所說的話——「我們家在西天門」——頓時一拍腦門，哎呀！西天門！這應該是表示她們是住在天上的啊！住在天上的怎麼會是妖怪！

馬南箴趕緊先衝回北關門，想要撿回那包看似黃豆的金子。然而，儘管只是隔了這麼一會兒也不算是太長的時間，但哪裡還有金子的影子？只看到一大堆人都笑得合不攏嘴，都在七嘴八舌的慶幸自己的好運氣，居然一大早就能在大街上撿到金子！

馬南箴找了又找，一顆金子都沒能夠找回來，到是那塊麻布沒人要，還被丟在地上。

馬南箴上前把麻布檢起來，懊惱自己真是沒福氣，好不容易居然碰上了仙人，送給自己一包金子，誰知卻被自己錯認成是妖怪，然後白白的就把到手的金子全給弄丟了，不過——

懊惱之餘，看著手上這塊麻布，馬南箴想起老婦還告訴過他如果想要去找她們，只要站在這塊麻布上就可以了……

「好吧，既然如此，那我就試試看，看看會發生什麼事……」馬南箴想著，下定了決心。

然後他就把麻布放在地上，然後鼓起勇氣站了上去——

嘿，不可思議的事情真的發生了！馬南箴真的升天了！

他上升的速度很快，快到甚至沒有什麼人注意到他升天。

只見美麗的大地瞬間就已經在自己的腳下，馬南箴沒有害怕，只有滿心的興奮。

（這塊麻布的效用顯然絕不亞於阿拉丁的飛毯啊。）

不一會兒，馬南箴便來到西天門外。光是宮殿的大門就雕梁畫棟，氣派無比，是馬南箴一輩子也沒有見過的。

麻布剛剛停下來，幾個穿著青衣的小廝就跑了出來，看到他都非常高興，紛紛說：「哎呀，你可來了，我們已經等了你好久啦！」

言語之間，彷彿大家都認識馬南箴似的，這也讓馬南箴感到驚奇不已。很快的，一位老太太在幾個小廝的攙扶之下也出來了，馬南箴一看，正是那天夜裡坐他小船的老婦，只不過因為衣著不同，老太太今天看起來很不一樣，一身的富貴氣。

老太太握住馬南箴的雙手，非常熱情的說：「你終於來了，實話告訴你吧，我家與你有緣，小女想與你成親，你覺得怎麼樣？」

馬南箴大概是沒料到老太太一上來就會這麼直接，頓時面紅耳赤，結結巴巴的說：「啊——啊——好是好，可是——我怕那個——那個——配不上啊

——」

老太太笑了，「什麼配得上配不上的，難道世上的婚姻每一對都是配得剛剛好？」

「可是——可是——」

老太太又說：「傻小子，有緣分就是配得上，昨夜我們渡河時，緣分就開始了，而當時你肯渡，也就意味著你把握住了這段奇緣，這一切都是自然而然的啊！」

老太太剛剛說完，整個西天門就已經開始張燈結綵，好不熱鬧。

（真是超有效率！）

馬南箴就這樣昏頭昏腦的被小廝們簇擁著進去換上新郎官的衣服，打扮得正正式式，然後就跟昨天夜裡見過的那個年輕的姑娘成親了。

馬南箴在西天門一住就是一個多月，夫妻倆感情很好，日子過得真是快活無比。不過，因為他是一個孝子，不可能只顧自己快活，而始終惦記著雙親，心想光是自己失蹤這麼長時間，父母都不知道要急成什麼樣子；馬南箴愈想，心裡就愈是不安。

他把這個想法告訴了妻子。妻子非常賢慧，對於馬南箴的心情十分理解，並且還告訴他，如果他想要回去看看，只要像來的時候那樣，站在那塊麻布上就可以了，那塊麻布會帶他回家。

馬南箴一聽，非常高興，連連說：「好的，那我回去看看，不久就回來。」

稍後，當馬南箴悠悠蕩蕩的回到丁水橋時，這回很多鄉親都看到了。大家看到馬南箴居然就這樣從天而降，都感到驚奇得不得了！

從此，馬南箴就這樣靠著那塊神奇的麻布來往於西天門與丁水橋之間，天上人間跑來跑去。

對於這樣的生活，馬南箴自己是感到很滿意，可是雙親卻非常反感，尤其是聽到很多人都在議論兒子的丈母娘既然姓白，又住在天上，會不會是白虹精變的，馬家父母真是又驚又怕。

終於，兩位老人家覺得忍無可忍，有一天，趁著馬南箴不注意，竟偷偷把那塊麻布給燒了。麻布被焚以後，散發出濃濃的香味，連在好幾里以外的人都可以聞得到，而且這股香味還經過了好幾個月都不消散。

而當馬南箴發現那麼重要的一塊麻布竟然被父母給燒了，內心自然是十分痛苦，但是，除了惆悵，他又能怎麼樣呢！

這個故事的篇名就叫做〈白虹精〉。天上的虹也可以成精，真是大千世界，無奇不有啊。

子不語偶怪

話說在很久以前，在固安縣有一個賣雞的帥小伙，名叫劉瑞。

這年，劉瑞二十歲了。他父母雙亡，從很早以前就得獨立謀生，幸虧劉瑞天生樂觀，每天都還是過得很有精神，不會動不動就愁眉苦臉，怨天尤人。

這天，劉瑞一大早就起來，挑了兩個籮筐，裡頭有十幾隻雞，準備進城去賣。快要走到城門口的時候，劉瑞看到一個美麗的女子坐在一塊青石上。

因為女子很漂亮，劉瑞不免多看了兩眼，沒想到，女子看到他，竟非常親熱的衝著他嚷著：「哎呀，劉郎怎麼到現在才來？我等你好久了！」

儘管明明看到女子正笑盈盈的看著自己，但是劉瑞還是東張西望，因為他實在是不敢相信這個女子是在跟自己說話。

他這種愣頭愣腦的樣子把女子都給逗笑了，「找什麼哪，我就是在跟你說話哪！」

劉瑞停下來，放下兩個籮筐，一隻手指指自己的鼻子，「在跟我說話？」

「是啊，你不是姓劉嗎？」

「我是姓劉沒錯——」

劉瑞很想說：「可是我長這麼大以來，從來沒有哪個姑娘會叫我『劉郎』。」

姑娘也不跟劉瑞賣關子，直截了當就說：「告訴你吧，我是一個仙人，與你前生有緣，所以才專程在這裡等你。雖然我們的緣分只有短短的三年，但是只要我們好好的過，可以勝過別人破破爛爛的過一輩子——」

姑娘的話還沒有說完，劉瑞就急著說：「我要走了！我還有事！」

姑娘笑道：「急什麼呀！放心好了，我不是狐狸精，也不是什麼鬼怪，可是我什麼事都知道，我可以幫你的，比方說，我知道你今天進城賣雞很順利，才剛剛到市集，就會遇到一個大主顧，把你的雞全部買走，他會付你——」

劉瑞一等姑娘說完，就急急忙忙的走了。劉瑞的心裡還嘀咕著，一個人把他的雞全部買走？這種事還從來沒有遇到過呢！要是真的這麼順利，那今天就可以早早回家了！

不料，到了市集沒多久，還真的來了一個人，一口氣就把劉瑞今天帶來的雞全部買下，原來是城裡一個大戶人家今天要請客；所付的款項也和姑娘之前告訴過劉瑞的一模一樣。

「咦，這可真巧啊——」在回家的路上，想到今天的怪事，劉瑞的心裡不免要這麼想。

不過，想了半天，他還是覺得不敢相信。

「憑我這樣一個窮小子也會遇到仙女？——別開玩笑了！可千萬不要是碰到什麼妖怪了吧！」劉瑞想著。

（劉瑞顯然不知道偏偏就是窮小子、尤其是長得好看的窮小子，碰到仙女、或者說被仙女看上的機率才高呢，想當初董永也是一個長得好看但是不開竅的窮小子，也是被七仙女看上，而且七仙女也是把他攔在半路上，不讓他走。）

劉瑞愈想，心裡就愈是發毛。為了避免在半路上再遇到那個奇怪的姑娘，他特別多繞了好幾個彎、多走了好多路才回到家。

然而，這一招根本沒用；那個自稱是仙女的女子早就在家裡等著他啦，一見他回來，還埋怨道：「你怎麼才回來呀！」

劉瑞張口結舌，好半天都只會「你、你、你——」，一句話都說不出來。

姑娘又笑了，「不是都跟你說了嘛，我們有三年的緣分，你還不信？這就叫做命中注定，懂了沒有？反正從今天開始，我就要在這裡住下啦。」

於是，兩人就這樣成了親。

第二天下午，姑娘——現在應該稱作是劉妻了——看看四周，對劉瑞說：「這個房子太破了，我住不慣，得想想辦法才是。」

劉瑞一聽，真是哭笑不得，「早就跟你說過我是一個窮小子啊！何況就連這麼破的房子——」

妻子搶著說：「我知道也是你叔叔的，對不對？」

劉瑞很驚訝，「咦，你怎麼會知道？」

「這有什麼好奇怪，我還會有什麼不知道的啊，」妻子說：「我看這房子的大小還算可以，我們就先把房子買下來再說，買下來了再重新布置。」

「買？我哪有錢買啊？」

「你不是至少也有兩千五百文錢嘛。」

這確實是劉瑞存了好久的積蓄。

「咦，你怎麼知道——算了——好吧，可是就憑這麼一點點錢，我叔叔是怎麼也不會肯把房子賣給我的，他能借給我住住已經很不錯了！」

「兩千五百文錢確實不多，不過只要在你叔叔最困難的時候能夠幫他，這筆錢就會很有價值，」妻子說：「哪，你叔叔因為欠了賭債，現在正被人家綁在樹上，你趕快帶這些錢去救他，他一定會願意把這幾間屋子都送給你。」

「真的嗎？」劉瑞有些懷疑。

他知道叔叔經常會去賭場玩，自然不免也會有輸的時候，但是會輸到被人家綁起來的事還從來不曾聽說過啊。

「當然是真的，我說的話你還懷疑呀，」妻子笑著說：「快去吧！」

劉瑞就乖乖帶上兩千五百文錢，這是他全部的家當，趕到城裡，再直奔叔叔常去的那家賭場。結果，大老遠就聽到一陣吵雜，有人叫罵，還有人苦苦求饒，仔細一聽，哎呀！求饒的那個還真的就是叔叔的聲音啊！

劉瑞趕緊擠過去。

叔叔一看到他，立刻就像看到了救星似的，急急忙忙的問道：「賢姪，你來得正好！你身上有沒有帶錢？」

如果是在平時，叔叔是絕對不會這麼問的，因為叔叔明知道劉瑞是一個窮小子，身上怎麼可能會有多餘的錢，所以劉瑞一聽也就知道叔叔一定是碰到了非常棘手的情況，才會連他都問；這大概就是「死馬當活馬醫」吧！

「有是有，但是不多——」

叔叔急著問：「有多少？」

「兩千五百文——」

「啊，你身上有兩千五百文？太好了太好了，夠了夠了！趕快借給我吧！」

試想這個叔叔此刻正被綁在樹上，又難受又難堪，恨不得能夠立刻脫身，兩千五百文雖然償還不了今天所欠下的賭債，至少總還是可以替他一解燃眉之急，讓他先從樹上被放下來再說。

「可是——」

看劉瑞很是為難的樣子，叔叔一時情急，遂脫口而出道：「賢姪啊，快別『可是』了，你現在先借給我，你住的那幾間小屋就算賣給你了吧！」

「真的？」劉瑞大喜過望。

「當然是真的！快點快點！快點把你的錢拿出來救命！」

稍後，劉瑞回到家，高高興興的把房契交給妻子，開心得不得了，頻頻說：「多謝賢妻！賢妻真是神機妙算！頭一回做了這麼好的一樁買賣！」

妻子微笑道：「這還不算什麼，等明天早上你起來以後再看吧。」

翌日清晨，劉瑞一早起來就以為自己還在睡夢之中，因為他發現自己身在一棟陌生的屋子裡——

瞧瞧這四周，原本破舊不堪的屋子和少得可憐的破家具早就消失得無影無蹤，一切都是那麼的煥然一新！

「怎麼樣？」妻子笑咪咪的問道：「滿意嗎？」

「滿意，當然滿意！」劉瑞拍手大樂道：「看來我前生真是做了不少好事，積了不少陰德啊！」

很快的，很多鄉親都陸續聽說劉瑞這小子忽然交上了天大的好運，不僅娶了一個美麗能幹的妻子，還發了財，修了房，對於劉瑞的好運，大家都羨慕不已。

當然，也有的人不只是羨慕而已，而是強烈的嫉妒，因此有些心術不正，不過後來都被劉瑞的妻子好好的教訓了一頓。譬如有一個流氓，聽說劉瑞交上如此好運，又是眼紅，又是不服，就上門來找碴，結果劉妻只不過朝他喝了一聲「捆起來」，這個流氓竟然就真的莫名其妙的摔倒在地，還自己把雙手反剪在身後，就好像被什麼隱形人給牢牢捆住似的。這個流氓後來嚇得逃出了村子，再也不敢回來，而在這一類的事陸續發生過幾次以後，就再也沒有人敢來找劉瑞的麻煩了。大家都說，劉瑞有一個神仙姊姊當老婆，實在是惹不得。

婚後一年，在妻子的協助下，劉瑞不再只是一個賣雞的小販了，而開始做起了生意，並且還做得很不錯，妻子還為劉瑞添了一個大胖兒子，一家三口豐衣足食，日子過得舒適極了。

劉瑞原本還以為這樣美好的日子可以一直就這麼過下去，直到有一天——

這天，妻子做了一頓特別豐盛的晚餐。

劉瑞一看，還開開心心的說：「哇，今天是什麼大日子呀！」

他剛剛坐下來，還沒來得及開始吃，忽然看到一旁的妻子居然泣不成聲。

劉瑞慌忙放下碗筷，著急的問：「怎麼啦？我說錯什麼話了嗎？」

妻子哀怨的望著他，「你忘了我曾經跟你說過，我們只有三年的緣分嗎？」

劉瑞一愣，隨即也立刻就想起來了——是啊，一開始妻子就這麼說過的，只是——只是——他早就忘了！

「所以——」

「是的，」妻子黯然道：「三年已經滿了，今天就是我們分別的日子——」

「啊！不要啊！」劉瑞又驚又急，一把就扯住妻子的衣裳，不想讓她走。

「別這樣，」妻子說：「兩個人在一起，能夠有多久的緣分，都是早就注定好了的，誰也改變不了，還是坦然的接受吧。」

接下來，她非常平靜的開始安排劉瑞在自己離去以後的生活。首先，她要劉瑞再娶，但是一定要對方善待孩子；其次，她保證以後一定還會經常回來探望他們父子，只是到時候他們父子看不到她就是了；最後，她從衣袖裡拿出一個小木偶，慎重的交給劉瑞。

「這個木偶叫做『子不語』，曾經是我的丫鬟，她不喜歡見人，你在樓上騰出一個房間，專門用來供奉她，以後所有生意上的事情，你只要全聽她的就行了。我可以把她借給你三年，三年之後我再現身帶走她。」

「『子不語』？——」劉瑞把木偶接過來，看了一看，有些猶疑道：「我在小的時候念過幾年書，我記得『子不語怪力亂神』這句話，現在她叫做『子不語』，難道是說——她是一個怪？」

妻子看著劉瑞，眼神有些古怪，好像包含著無奈、費解還有一絲哭笑不得。

「就算是怪又如何？」妻子說：「我們相處三年，難道你不知道我也是一個怪？難道你還真以為我是一個神仙？即使是怪，也不見得都是壞的，事實上人心險惡，很多人比怪還要壞。」

翌日清晨，劉瑞醒來，發現妻子果真已經不見了。

他感到萬分失落，抱著小兒，痛哭了一場。

劉瑞按照妻子離去之前的吩咐，把那個木偶供在二樓一個單獨的房間，稱作「子不語娘娘」。以後每每有生意上的問題，只要他發問，隔著房門，都可以聽到「子不語娘娘」清晰的回答。

很多僕人都說聽到過那個房間裡有人走動的聲音，但是只要一打開房門，又什麼都沒看到，只有每當隔著房門呼喚「子不語娘娘」的時候，子不語娘娘才會應。

這樣又過了三年。一天，劉瑞的妻子從天而降，劉瑞和兒子都感到非常激動。

妻子問道：「你現在的家產已經夠多了吧？」

「夠了，夠了。」

靠著「子不語娘娘」的指示，劉瑞現在已經是當地的人戶了。

「很好，」妻子說：「郎君福淺，不宜再有更多的錢財，幸好郎君知足，這就是最大的福分。現在，我要把『子不語娘娘』帶走了。」

從此，當僕人再到二樓呼喚「子不語娘娘」的時候，就再也沒有聽到任何聲音了。

這個故事出自《續子不語》。

各式各樣的雜怪

中國妖怪故事到這裡已接近尾聲，我們最後再介紹幾種比較少見的妖怪，相信能夠讓大家更加的感覺到，在中國妖怪故事中真是無奇不有。

除了第一個故事〈鼓樓〉是出自《醉茶志怪》，以及最後一個故事〈水底弦歌〉是出自《幽明錄》以外，其餘都是出自《太平廣記》。

奇怪的鐘聲

在清朝道光戌戌四月間，某座城市裡一座已經廢棄的鼓樓發生了一件怪事，那就是鼓樓上那個巨大的銅鐘，在大白天裡忽然大響特響起來。

古代的城市都會有鼓樓，老百姓的生活作息在很大程度上都要仰仗鼓樓裡的鐘，所謂「暮鼓晨鐘」，鐘聲原本應該是在早晨才會響的，現在忽然大白天的這麼大響特響，何況還是來自一座廢棄鼓樓的鐘聲，這當然是很不對勁。

說起來，這座廢棄鼓樓裡的銅鐘還是一件古器。傳說當年在修建這座鼓樓的時候，為了要把這個銅鐘懸掛起來，那可真是費了好大一番工夫，居然多達幾十個壯漢費了九牛二虎之力，還是沒能夠把鐘給順利的掛上去。

那麼最後到底是怎麼解決的呢？據說，正當大家一籌莫展的時候，不知道什麼時候、也不知道是打哪兒冒出了一個老頭，笑著說：「等我先來念一段咒語吧。」一會兒，老頭的咒語念完了，四個漢子半信半疑的上前再去抬那口鐘，居然還真的一抬就抬起來、一弄就弄好了！

大家都很驚訝，也都很驚喜，可是回頭想要再找那個老頭，老頭卻已經不見了。

就是因為這個緣故，這座鼓樓似乎從一開始就染上了濃厚的神祕色彩。

現在，早已廢棄鼓樓裡的銅鐘大白天的忽然亂響，聲音還傳播得很遠很遠，就連幾十里以外都聽得非常清楚，鎮老爺覺得這個事情不尋常，馬上派了好幾個士兵過來查看。

士兵們到了這座鼓樓以後，首先注意到樓門的鐵鎖完好如故，絲毫沒有被破壞的痕跡。大家都感覺很奇怪。很快的，有人趕快回去找到了打開樓門的鑰匙，趕緊拿鑰匙來開了門，然後大家就開始小心翼翼的登樓。

登上鼓樓以後，士兵們遠遠的看到在東門樓上有一個人面向西方跪著，而且正焚香朝天拜著，同時，手中還拿著一個紅蓋，拚命旋轉個不停。

士兵們都意識到銅鐘就是因此才會沒來由的嗡嗡作響，馬上紛紛撲了上去，把那個奇怪的傢伙抓起來，帶回衙門，向鎮老爺稟報。

鎮老爺親自審訊，嚴詞詢問那個人幹麼要這麼做？用意何在？

那個人的回答是，因為這座鼓樓以及那口銅鐘都閉鎖許久，已經變成了龍，所以今天他特地用法術來把這條龍收服，打算埋在某墓地，這樣他們的子孫後代就能出顯赫之人。

（換句話說，就是要人為的製造一個很棒的風水寶地。）

可惜，鎮老爺也不知道是不是根本不信風水，或者只是不相信這個人所說的話，在聽完他的解釋以後，大罵一聲「妖言惑眾」之後，就下令要給予嚴厲的懲罰。

這個故事名叫〈鼓樓〉。從篇名看來，似乎暗示著作怪的是那座廢棄的鼓樓。

住在水池裡的小妖怪

從前，有一個協律郎韋生（「協律郎」是北魏以後掌管音律的官），他有一個哥哥，總是自稱膽大包天，從來就沒遇到過什麼會讓他感到害怕的事。為了證明自己確實是膽大包天，韋生的哥哥甚至只要一聽說有什麼地方鬧鬼，他就要專程跑過去住一個晚上，說要領教領教。

韋生的同事都知道韋生的哥哥喜歡自命膽大，但是都有些存疑，都想要找個機會親自試試。有一天，機會來了。有人聽說在延康東北角有一個空屋，常年都在鬧妖怪。他們就找到韋生的哥哥，問他敢不敢到那個房子裡去住一夜？韋生的哥哥拍著胸脯說：「笑話，有什麼不敢的，我是最喜歡這樣的活動了！」

於是，大夥兒就選定一天，準備了很多酒菜，一起送韋生的哥哥去那棟空屋。

天一黑，大家就忙不迭的統統都走了，留下韋生的哥哥，他就一個人若無其事的待在那棟空屋裡大吃大喝。

這個房子的院子裡有一個水池，水池西側是一個孤零零的小亭子。

此時正是夏天，天氣很熱，韋生的哥哥就在這個小亭子裡坐了半天，這樣比較涼快。

後來，他又獨自喝了一陣酒，直到有些睏倦，便進屋爬上床去睡大覺。睡了一會兒，他覺得相當燥熱，就坐起來把上衣給脫了，乾脆打著赤膊再躺下去繼續睡，並且很快就睡著了。

睡到半夜，似乎有某種感應，他忽然醒了。

他坐起來。四周一片靜寂。他所在的這個房間正對著那個水池。藉著月光，忽然，他清清楚楚的看到有一個黑黑的小腦袋從水池裡冒了出來，然後還

慢慢的從水池裡走了出來，定睛一看，居然是一個一尺多高的小孩，但是這個小孩的模樣很怪，不僅渾身烏黑，而且身體很短，腿腳卻很長。可能就是因為整個身體的比例有點問題，這個小孩走起路來好像有些重心不穩，晃晃悠悠的，居然就那麼一直晃呀晃呀，不久就沿著台階一路晃上來，最後還晃進了屋子，直到晃到了他的面前才站定不動。

照說這一幕確實是滿可怕的，但是韋生的哥哥卻一直就那麼氣定神閒的看著，動都沒有動一下，一點也不怕。

（還真的是膽大包天啊）

甚至，韋生的哥哥還看著那個小妖怪問道：「你想幹什麼呀，難道你不知道睡覺的人是最討厭被人打擾的？」

說完，也不理會小妖怪，就逕自躺下去，先是翻了一個身，然後又仰天躺著，打算繼續睡覺。

還沒睡著，他就感覺到那個小妖怪上了床。

不過他還是一動也不動。

緊接著，他感覺到有兩隻冰涼的小腳丫正踩著自己的腳慢慢的往上走，走得很慢。

他仍然保持靜止，耐心的等著。

又過了一會兒，當小妖怪已經走到他的肚子上了，這個時候他才猛一伸手，一下子就抓住了那個小妖怪，再往旁邊一甩，只聽見「噹啷」一聲，仔細一看，原來是一個破舊的鐵鼎，一隻腳都已經折斷了。韋生的哥哥扯過一條衣帶，把這個破鼎綁住，拴在床腿上，然後——繼續睡覺！

第二天，眾人來接韋生的哥哥，看到了那個破鼎，又聽了夜間所發生的事，大家便找來工具合力把這個破鼎徹底砸碎，結果，在碎裂的地方到處都看得到血跡。

從此以後，大家都說韋生的哥哥真的是很厲害，居然真的能鎮得住妖怪！

這個故事的篇名是〈韋協律兄〉。這也是傳統妖怪故事中，少數妖怪是以一個小孩形象現身的例子；儘管這個小孩的樣子（「渾身烏黑，而且身體很短，腿腳卻很長」）也是有些變形的。

家財萬貫

會跑掉的錢財

話說在北齊的時候，在安陽縣城南有一個姓黃的大戶人家。黃家從祖上開始就是巨富，經過世代相傳，一直是富甲一方。

不料，這天，黃家不知道為了什麼事而請巫師占卜的時候，巫師告訴了他們一個驚人的消息。巫師居然說：「你們家的錢財就要出去了，得好好的守著，如果放他們出去了，以後你們家就會一貧如洗了！」

黃家人聽了，自然都十分震驚，急著想要再多了解一些詳情，但是巫師說經過占卜能看得出來的訊息就這麼多了。

說實話，這段訊息還真是有一點語焉不詳啊，黃家人緊急討論，決定挑出一些特別彪悍的家丁，日夜守住庫房以及家裡各個出入口。

當天夜裡，守在北門的家丁，看見一隊人馬往門口走來，騎在馬上的人一個個都是穿著黃衣服，出了門以後，就直接往北邊去了。與此同時，守在西門的家丁也看見一隊人馬，全部都身穿白色的衣服出門，另外還有一隊人馬則是都身穿褐色的衣服從東門出去。

更古怪的是，這三隊人馬在出門之前，都還向守門的家丁打聽「趙虞家在哪兒？往那個方向？」家丁們看他們衣著華麗，都認定是主人的朋友，還都熱心的給他們指路。

等到三隊人馬都愈走愈遠，漸漸消失了蹤影的時候，有黃家人在得到家丁的報告以後，這才突然醒悟過來，大叫道：「哎呀！黃衣人、白衣人、褐衣人——這不就是代表金、銀、銅這三樣東西嗎？快追！」

（原來這就是所謂的「錢財要出去」的意思，真是驚人的推理啊！）

可是，這三隊人馬早就走遠了，哪裡還追得上！

一家人自然是懊惱得不得了。就在這個時候，只見一個背著一捆柴的跛子，慢慢走了過來，居然也向守門人同樣打聽「要到趙虞家該怎麼走」，黃家人得到消息，都氣炸了，紛紛趕過來，命令幾個家丁把那個跛子痛打了一頓！黃家人或許是以為這個跛子是故意要來笑話他們的吧，沒想到才剛剛把跛子打倒在地，跛子就現出了原形，竟是家裡一個已經缺了一個腳的銅器哪！據說從此以後，黃家果真就愈來愈窮，到了後來甚至真的是到了一貧如洗的地步。

這個故事叫做〈安陽黃氏〉。臺灣有一句俗話，「人兩腳，錢四腳」，意思是說錢財跑得太快，很難守得住，而在這個故事裡，黃家人的錢財還不止是四隻腳而已，居然還是騎馬的，那當然更是會跑的了！

此外，那些錢財在離開黃家之前，居然還都打聽「趙虞家該怎麼走」，顯然是表示他們都準備要去趙虞家，也就是說這個趙虞家從此就會開始變得有錢起來，這樣的安排也實在是很有意思，原來財神爺是不認識路的啊。

送上門來的錢財

除了以衣服的顏色來作為暗示（黃衣人是「金」、白衣人是「銀」、褐衣人是「銅」）之外，在靈怪故事中，如果錢財要化身為人形還會有別的模樣。我們不妨就來看看下面這個故事〈康氏〉。和上面那個〈安陽黃氏〉的故事相反，這回錢財是自己跑到康家來。

相傳在唐朝末年，天下大亂。揚州在歷經幾次戰火的蹂躪之後，已經不成個樣子，人煙也相當稀少。

有一個姓康的平民，在這樣困難的環境中，仍然兢兢業業的靠著出賣勞力為生，辛辛苦苦的養活著家人。

他們一家人在太平坊租了一個簡陋的屋子。房子雖然破舊，好歹也是一個家。

這天，康某外出辦事，家裡只有妻子一個人在家。因為剛剛生產不久，她的身體還非常虛弱，只能躺在床上靜靜的休息。

忽然，在迷迷糊糊之間，她看到一個穿著紅衣、戴著紅帽，連臉上也是通紅通紅的奇怪的人（照這個形象看來應該就是一個大紅人吧），居然大模大樣的走了進來，然後，一言不發，就那麼大大咧咧的坐在他們家的門檻上。

康妻的心裡很害怕，大聲喝問是什麼人，對方也不回答，還是就那麼無所謂似的坐在那裡。

康妻只好鼓起勇氣開始大聲喝斥，叫他出去，罵了很久，這個奇怪的人這才終於站了起來走出去，但是才剛剛走開沒有幾步，康妻就聽見好像有人倒在地上的聲音。她當然不敢去看，再說當時她那麼虛弱，也根本爬不起來。

康妻急切的等著丈夫回來，偏偏等了又等就是不見丈夫的影子。

原來她的丈夫在路上耽擱了。

那天，康某辦完事，在快要到家的時候，忽然看到路邊有好多錢，他停下來，看一看，再數一數，居然有五千，這可不是一個小數目，此外還有一些羊肉和一罈酒。康某心想，一定是誰不小心遺忘在這裡的，就站在路邊代為守候。

（路不拾遺啊，何況此時還是亂世，康某還能有這樣高尚的品格，真是不容易！）

然而，等了很久，也不見有人回來尋找。康某擔心要是自己再不回去，恐怕妻子要很擔心了，只好把這些東西先拿回家。

一到家，妻子就急著訴說下午發生的怪事，並且要他趕快出去看看。

這一看，真是非同小可，果然有一個「人」倒在他們家門口不遠的草叢邊，但是這不是活人，也不是死人，而是一個金人！

憑空得到老天爺這麼多的賞賜，康某夫妻倆都非常高興，還把剛出生的兒子取名為「平」，意思是平平安安。

據說康家從此還真的就愈來愈順，也愈來愈富裕。不過他們始終保留著那個金人，把金人視為一個珍貴的傳家寶。

在這個故事裡，財神爺倒是認識路的，而且脾氣還非常好，罵也罵不走哩。

從地下傳來的鐘聲

相傳在唐代開元年間，在清江郡有一個老頭，經常在郡南的田間放牛。

有一天，當老頭又像往常一樣趕著牛來到郡南的時候，忽然聽到了一種古怪的聲音。

「咦？是什麼聲音？——」老頭停下來。

一開始他不僅弄不清是什麼聲音，也弄不清聲音到底是從哪裡發出來的，駐足聽了好一會兒，他感覺聲音居然是從地下傳出來的！

這時，其他幾個放牛的孩子也跑過來，而且他們也都很快就有同樣的感覺，那就是——這個奇奇怪怪、斷斷續續的聲音好像真的是從地下傳出來的！

哇！難道是來自地獄的聲音？

大家都嚇壞了，馬上一哄而散！

那些孩子回去以後都跟大人說了今天在田裡遇到的怪事，但是沒一個大人相信，孩子們也就算了，照樣去做他們的事、玩他們的遊戲。

可是，老頭回去以後就開始發高燒，燒得幾乎不省人事。有一、兩個年紀比較大的放牛孩子都說，老頭一定是被嚇出病來的。

過了十幾天，老頭總算慢慢好了。一天晚上，他做了一個夢，夢到一個身穿青色長袍的男子，男子在夢中對他說：「把我遷到開元觀去！」

老頭一下子就被驚醒了。回想夢中的情景，歷歷在目，真實得很，但是那句「把我遷到開元觀去」到底是什麼意思，他又琢磨不透。

這樣過了些時日，當老頭已經把這個怪事漸漸淡忘的時候，這天，他去放牛，在經過上回聽到怪聲的地方，又聽到奇怪的聲音，聽起來還是那麼的清楚啊。

老頭便去找郡守，把這個怪事詳詳細細的稟報。

不過，郡守並不覺得這個事有什麼奇怪的，因為他跟本不信，把老頭大罵一頓以後，就把老頭給趕了出來。

老頭被罵得七暈八素，自己也開始有些懷疑，心想難道真的是我聽錯了？當天晚上，老頭又夢到了那個身穿青衣的男子，男子說：「我藏在地下已經很久很久了，你要盡快把我給挖出來，否則你會生病的。」

（這樣溫柔好心的提醒，而不是威脅，這在靈怪故事中倒也是滿少見的。）

老頭立刻就被嚇醒了，天一亮馬上就叫兒子跟著自己跑到郡南，跑到那個傳出怪聲的地方開始拚命的挖。

起初什麼也沒有挖到。老頭說：「可能是我們挖得還不夠深，再挖！」做兒子的自然是全力配合。

他們就繼續挖、繼續挖，一直挖了大約有一丈深的時候，挖出了一口大鐘。老頭指著鐘身那發青的顏色，告訴兒子：「我夢到的那個男的，他穿的長袍就是這個顏色！」

至此老頭才明白原來夢中的那個男子，就是這口古鐘的化身啊。

他馬上再度去求見郡守，報告自己的這項發現。這回，有鐘為憑，郡守自然是無話可說，而且，大概也是唯恐會得罪了這口古鐘，既然古鐘自己要求要放在開元觀，那就趕快把它安置在開元觀裡吧。

後來，郡守甚至還把這件奇事（現在不稱「怪事」了）向皇帝報告，據說唐玄宗在得知以後也很高興，還派人專程來到開元觀，把這口古鐘的樣子畫下來，說要廣為流傳呢。

這個故事叫做〈清江郡叟〉，「叟」就是「老頭兒」。

白面怪

在平陽有一位教書先生，名叫燕鳳祥，頗有學問，對於《詩》、《書》、《禮》、《樂》、《易》、《春秋》等古籍都頗有研究，收了很多學生在家裡講學。

（以今天的話來說，就是在家開了一個國學補習班。）

一天夜裡，燕家發生了一件不可思議的恐怖事件。儘管後來告訴別人，大家都覺得十分的匪夷所思，難以置信，但是因為事情發生時，燕鳳祥的妻子也還沒睡，目睹了接下來所發生的一切，所以後來她成為丈夫的唯一人證。

（除非他們夫妻倆都瘋了。）

那天夜裡，事情發生的時候，夫妻倆原本都還正閒坐著輕輕鬆鬆的閒話家常，忽然聽見屋外有一個沙啞的聲音。

燕鳳祥的第一個反應是——家裡進賊了！

他馬上本著一個男主人的職責，立刻急急忙忙的跑出去看；要是真的來了什麼小賊，只要一聽到有動靜，一定馬上就會溜了。

不料，當他一衝到屋外，曚曨之中竟然看見庭院裡有一個白白的東西，有一丈多高，燕鳳祥愣了一下，然後很費勁的努力辨認，但是看了好一會兒也還是看不出那到底是一個什麼東西。他彷彿在猛然間清醒了過來，一陣恐懼頓時襲上心頭，燕鳳祥不敢再看，趕緊轉身躲回屋內，掩了上門。

看他這個樣子，把妻子也嚇壞了，發著抖問：「怎麼了？外面有什麼東西？」

燕鳳祥也同樣發著抖回答：「就是看不出是什麼東西——可能是妖怪——」

兩個人都害怕得要命。就在這個時候，他們聽到有什麼東西走上了臺階。

天啊，這表示妖怪正在靠近這個屋子，也就是說正在往他們靠近！

忽然，又聽到有人在叫道：「鳳祥，才剛剛天黑，怎麼就把門關了？」

夫妻倆一聽，不由得手腳發軟；這個妖怪居然還會說人話！而且還叫得出燕鳳祥的名字！

他們被嚇得大氣都不敢出，趕緊慌慌張張的把房裡的燈統統點亮，想要藉著亮光來驅散黑暗，趕走妖怪。

然而，這一招根本沒用。

沒過多久，從門縫裡就伸進來一張白臉，然後房門就被一把推開，一個不知道是什麼東西的東西就那樣大剌剌的進來了。燕鳳祥夫妻倆吃驚的看著，這妖怪的那張白臉乍看有些像猴子，但是比猴子還要醜得多，兩個眼睛是完全深陷下去的，上下嘴唇則是完全外翻的。

第一個妖怪進來以後，馬上就回頭做出招呼同伴的樣子，緊接著馬上就擁進來無數個同樣的妖怪！燕鳳祥估計，應該至少有幾百個之多！

這些妖怪，個頭都不大，頂多也就是二尺來長；模樣雖然很醜陋，穿著倒都還挺講究，都是豹皮上衣，外加牛皮褲子。

妖怪們湧進來以後，上跳下竄，甚至很多都還會沿著牆壁亂爬。當然，更多的是把燕鳳祥夫妻倆團團圍住，很多妖怪並且還是蹲著，做出好像隨時要跳起來撲人的樣子。

兩人被妖怪這樣包圍，都嚇得半死，更何況身邊也沒有任何武器可以抵擋妖怪們的步步進逼。情急之下，燕鳳祥只得隨手抓起一個枕頭以及一個平常女眷們玩的琵琶，就用力朝這些白面怪丟了過去！

被擲中的妖怪發出了一片怪叫，居然頓時還逃走了不少。

一直鬧到天亮，妖怪們才終於全部都跑了。

從這天以後，燕鳳祥的精神就不大好，經常總是恍恍惚惚的。

本來以為那天夜裡的怪事是特例，不會再發生，然而不久以後，燕鳳祥卻再度遭到那些白面怪的騷擾。那天，他彷彿看到屋裡平白無故突然出現了一個穿戴體面，一看就感覺是很有身分的人，站在牆邊，開口就邀他一起去巫祝祠禱告。燕鳳祥哪裡敢去，連忙就想躲到書房裡去。結果，一腳才剛剛跨進房門，就赫然看到佛像下面有一張大臉，正用圓鼓鼓的眼睛瞪著他。

燕鳳祥嚇壞了，立刻拔腿就跑，奪門而逃！

沒想到，他一衝出家門，就赫然發現整個胡同里（就是巷子裡）竟然都擠滿了白面怪！一看到燕鳳祥，馬上就一股腦兒的都朝他衝了過來！

從此，燕鳳祥恍惚的毛病就更加嚴重了。

家人請了醫生，也請了道士，想了很多辦法，但是都沒有辦法讓燕鳳祥恢復正常。

直到有一天，燕鳳祥做了一個夢，夢到有一個穿著紅衣、戴著黑帽的人，飄在空中，朝著他大叫一聲「把你的魂還給你吧！」說著還從空中丟下一些東西，而燕鳳祥在夢中則是趕緊伸手去接，結果接到了一些奇怪的東西，好像有女人的頭髮，還有些粉紅色的衣服。

燕鳳祥想不透這個夢到底是什麼意思，但是無論如何自從做了那個夢以後，他的精神一下子就好多了，再調養一陣以後，就完全恢復了健康。

這個故事的篇名就叫做〈燕鳳祥〉。之所以會歸類在「雜怪」裡，是因為從頭到尾其實都沒有具體的說明那個「白面怪」到底是何方妖怪。

雨中驚魂

從前，有一個人名叫歐陽璨，他住在徐州城南。

有一天，歐陽璨到城裡去辦事，因為事情挺繁瑣，辦了很久，等他終於辦好的時候都已經快要接近黃昏了。歐陽璨便急急的往回走，想要盡快趕回家。剛剛走了一、兩里地，天黑了。這天晚上是陰天，看不見月亮，路上能見度很差，歐陽璨想快也快不了，只得耐煩一些，放慢腳步，小心前行，畢竟萬一不慎摔到什麼山溝裡去的話，那可不是開玩笑的。

等他走了三十多里路的時候，情況更糟糕了，居然下雨了，而且一下就是傾盆大雨！才僅僅一眨眼的工夫就又是雷鳴、又是閃電的，再加上嘩啦啦的大雨，歐陽璨感覺彷彿連大地都開始在震動，好不嚇人。

可是，這個時候他能怎麼辦呢？歐陽璨想了一想，決定還是要頂著這場暴

雨繼續前進。

偏偏前面他還得走一段山路。只見兩旁都是參天大樹，在閃電一閃一閃的照耀之下，這條山路顯得非常的陰森，好像也特別的曲折。

歐陽璨的心裡開始有點兒發毛，但儘管早已被淋得渾身溼透，也還是只有硬著頭皮繼續往前走。

歐陽璨不斷的告訴自己，腳下一定要小心，但是不能停，一定要一步一步的不斷向前，這樣才能儘可能的早一點到家。

就在這個時候，他忽然覺得眼前一亮。

歐陽璨本能的抬頭一看——

這一看，可把他給嚇壞了！

前方大概距離他只有十幾步的距離，居然有一個白茫茫的龐然大物，身長有一丈多高，看不清形狀，也看不清是否有手有腳，但是可以看得出來它是在緩緩飄動。

「妖怪呀！」這是歐陽璨當場最直接的感覺。

他第一個念頭是——趕快念大悲咒！

（這大概是西方人看到吸血鬼等妖魔鬼怪的時候，會想趕快拿出十字架的類似的心理吧。）

可是，由於過於害怕，想念居然也念不出聲！

幸好，歐陽璨努力定一定神，發現至少還沒忘記大悲咒該怎麼念，於是就在心裡拚命默念。

念了幾遍以後，歐陽璨感覺好像已經可以發出聲音了，頓時勇氣倍增，更是大聲的念，不斷的念，拼了命的念！

這個大悲咒還真靈，歐陽璨就這麼念了好一會兒之後，那個怪物晃啊晃啊忽然就消失了。

雨勢也在瞬間小了許多。

這個時候，離家已經不遠了，歐陽璨便加快腳步，趕快回家。

經過這次的事情以後，歐陽璨就再也不肯走夜路。甚至一到晚上，他便把門窗緊鎖，待在家裡，哪裡也不肯去。

這個故事叫做〈歐陽璨〉，從頭到尾也沒具體指出主人翁碰到的那個妖怪到底是什麼？難道當雨下得太大的時候，就會有妖怪乘機出現嗎？或者根本就是「雨」也可以成精或是成怪？

老人精

相傳在漢代建安年間，在東郡一帶，經常會發生怪事，而且是很多老百姓的家裡都不時會發生極其類似的怪事。

比方說，在明明沒有人的房間裡，會忽然莫名其妙的傳出一些嘰哩咕嚕、劈里啪啦的聲音，好像有什麼人在耳語，或是在擊掌；家裡只要有好吃的東西甚至那些小雞、小鴨經常會無故失蹤；更嚇人的是，放在桌上的杯碗瓢盆居然會忽然自己動起來。由於這些怪事普遍都是在大白天發生的，因此大家都認定一定是有什麼妖怪在作怪，可是又苦於根本弄不清到底是什麼妖怪在這樣跟他們作對。這個妖怪似乎是隱形的，從來沒有任何人看他現身過。

這樣一鬧就是好幾年，現在東郡的老百姓對所有奇怪的現象倒是都不覺得害怕了，而是都覺得非常的厭惡，真恨不得能夠把那個老是在暗處跟他們搗蛋

的妖怪給揪出來，再把他痛打一頓！

終於，有一個人覺得忍無可忍，發誓一定要抓住那個妖怪！

為了抓妖怪，他制訂了一個「作戰計畫」。

首先，他故意做了一桌特別豐盛的食物擺在桌上，自己則拿著一根棍子躲起來，兩眼緊緊的盯著桌上的食物。根據以往的經驗，大家都知道這個妖怪很貪吃，鼻子又特別靈，所以，他打算用美食把妖怪先吸引出來，再把握機會除掉他。

等了沒多久，他看到桌上的食物果然開始動了，但是看不到妖怪，只見雞腿「飛」在空中，就好像是有什麼隱形人正抓著它在大啃特啃似的。

這個人很生氣，馬上拿著棍子跳出來，朝著「雞腿」的方向就揮了過去！這一揮，雞腿掉了下來，但是，他也沒感覺到打到了什麼。

他不甘心，趕緊先把門窗統統關上，然後就抓著木棍在屋子裡照空胡亂揮打。等到覺得空中「打」得差不多了，他又彎下腰來，拚命打屋裡的各個角落。

打了半天，雖然打得他大汗淋漓，可是他並沒有放鬆揮打的動作。打到一處角落的時候，終於有斬獲了！一棍下去，他清清楚楚的聽到從外頭傳來一陣陣痛苦的呻吟。

「打到了！」他火速打開門衝了出去。

只見在他家的大門口附近，有一個髒兮兮、邋裡邋遢，既像人又像是野獸的傢伙蹲在那裡。

走近一看，他很驚訝的發現居然是一個陌生的老頭。

老頭的年紀很大，看起來少說也有一百多歲了，幾乎不會說話，問他是哪裡人？怎麼會跑到這裡來？怎麼會這樣隔空作怪？但是不管怎麼問，老頭除了哼哼哈哈，好像在叫痛，也像在嘆氣，其他不管什麼問題都回答不出來。

這個人沒有辦法，只好先安頓好老頭，然後跑到鄰近的村莊去問，想看看是不是有哪家走失了一個老先生？

他花了很多的時間和精力，把周圍的村莊幾乎都問遍了，終於找到了一戶人家，說他們家在十幾年前走丟了一個老人家，過來一看，都很驚喜的說，正是他們的家人，然後就歡天喜地的把老頭接回去了。

從此，東郡這裡就很平靜，再也沒有發生過什麼怪事。

過了不久，有一個東郡的人到陳留一帶去探訪親友，聽到陳留人都很苦惱的說，不知道是怎麼回事，最近很多人的家裡都頻頻發生怪事，比方說剛剛煮好的食物會突然消失不見，放在桌上的東西會自己亂動，弄得大家都不堪其擾。

有人好奇的跑到那個把怪老頭接回去的人家一打聽，果然，這個人家說，老頭在不久以前又走丟了。

於是，東郡的人都說，看來老頭現在一定是上陳留那裡去了。

這個故事叫做〈東郡民〉。表面上看來，這個故事好像沒什麼，但是仔細一想就會覺得滿恐怖的；因為，「長命百歲」原本是中國人自古以來的一種祝願，當然，能夠達到這個理想的向來是少數，可是，達不到也就算啦，怎麼長命的結果最終卻是會變成妖怪呢？這難道不可怕嗎？

水底弦歌

最後我們要介紹的這個故事叫做〈水底弦歌〉，出自《幽明錄》。很多民間故事都是拿真實的歷史人物來做發揮，而在妖怪故事、靈怪故事中也有不少這樣的例子。譬如這篇〈水底弦歌〉，就與西漢時代一個鼎鼎大名的人物東方朔有關。

東方朔（西元前154年-93年），本姓張，字曼倩，他最主要的身分是西漢時期著名的詞賦家。據說東方朔在政治方面也頗有一套，可惜或許是因為他總是喜歡嬉笑怒罵，所以終其一生都沒有得到重用，漢武帝似乎始終只把他視為一個普通的「俳優」。所謂「俳」，是「雜戲」的意思，「俳優」就是戲劇演員。不過也有很多人說，東方朔非常的有學問，而且幾乎是上知天文、下知地理，什麼事情他都知道，或者說簡直沒有什麼事情他不知道。

東方朔在很多老百姓的心目中到底多有學問？看看〈水底弦歌〉這個故事就可見一斑了。

傳說在西漢時期，有一天，當漢武帝正在用餐的時候，忽然聽到一個相當蒼老的聲音說：「老臣冒死上訴——」

「嗯？」漢武帝放眼一看，身邊只有幾個侍臣，哪有什麼老臣？

那個聲音又響起來了，「老臣冒死上訴——」

漢武帝高聲問道：「是誰在說話？」

在場的人，大家都聽到了，但是，大家都面面相覷，沒有人知道這是怎麼回事，只是都覺得——只聞其聲、不見其人，這不是怪事嗎？

「快給我找！」漢武帝下令道：「到底是誰在說話？」

眾人慌忙尋覓。過了一會兒，有人無意中往上一看，終於有了驚人的發現！

原來，在房梁上居然有一個小老頭兒！

這真的是一個「小老頭兒」，因為他的身高頂多只有八、九寸！眾人都很訝異，他那麼小的身體，說起話來的音量居然與常人無異；也就是因為這個緣故，那句充滿悲涼的「老臣冒死上訴」，聽起來才會那麼清楚。

大家都充滿驚奇的看著這個滿頭白髮、好像也滿臉皺紋的小老頭兒，弓著背，拄著柺杖，在房梁上行走，顯得有些吃力。

漢武帝仰著頭問道：「你是誰？怎麼會在這裡？」

小老頭兒順著殿柱滑下來，放下柺杖，跪在地上，稽首而拜。

漢武帝又問了一次：「你到這裡來有什麼事嗎？」

可是這會兒小老頭兒卻彷彿失去了說話的能力，向漢武帝拜完之後就逕自起身，然後仰頭看了看屋頂，再低下頭指了一指漢武帝的腳下，接著就忽然不見了。

眾人議論紛紛，都猜不透這古怪的小老頭兒到底是什麼意思？

這時，漢武帝想到東方朔一定能夠有很好的解答，便下令馬上召東方朔上殿。

很快的，東方朔來了。

他果然是一個「萬事通」，什麼都知道，在聽完關於那個小老頭所打的啞謎之後，幾乎想也不用想就說：「他是水木之精，名字叫做『藻』……」

東方朔表示，「藻」這種精靈夏天是住在沒有人煙的森林裡，冬天則是潛入很深的河裡，今天突然在這裡現身，自然是有原因的。

什麼原因呢？東方朔對漢武帝說：「想必是陛下連日來頻頻的大興土木，造宮室，砍伐了大量的森林，嚴重威脅到他的生存環境，所以他才會跑到這裡來上訴；至於他在離去之前仰頭看看屋頂，又低頭指指陛下的腳下，顯然是想表達希望陛下宮室能夠到足下為止的意思。」

漢武帝聽了，若有所思，竟真的下令停止了工程。

過了一段時間，這天，武帝出巡，來到一處河邊，突然聽到一陣優美的弦歌聲。

再仔細一聽，這美好的樂聲居然是從河裡傳出來的！

緊接著，一隊迷你樂隊就緩緩從水中漫步而出。過了一會兒，他們統統都來到了岸上，身上的衣服居然都是乾的。在這些不凡的人之中，只有一個身高有一尺多，其餘都只有八、九寸，每一個人的手裡都拿著一件小小的樂器。

漢武帝很快就認出，裡頭有一個成員就是上回跑到他跟前來上訴的那個小老頭兒。

漢武帝問道：「剛才聽見的音樂是你們演奏的嗎？」

為首的那個小老頭說：「是的，陛下停止了宮殿的建造，保全了我們的居室，我們感激不盡，正在慶賀呢。」

漢武帝聽了，也很高興，「能夠為我演奏嗎？」

「當然！我們正是特意前來獻樂的呀。」

不僅如此，稍後當他們獻樂完畢，還送給武帝兩個很棒的禮物，那是一顆直徑數寸的珍珠，光彩奪目，一看便知道必然是一項稀世珍寶，還有一個紫色的海螺殼。

武帝拿起海螺殼問道：「這是什麼？」

他湊近一看，看到螺殼中有一些濃濃的很像是牛脂一樣的東西。

小老頭兒笑而不答，又跟武帝賣起了關子，「東方朔君一定知道這個寶物，陛下可以問他。」

漢武帝很喜歡這些精靈所送的禮物，正在把玩的時候，一不注意，他們就忽然消失了。

漢武帝果真馬上就把東方朔給找來，詢問那兩個寶物的名字，尤其是問那個紫色的海螺殼究竟是什麼寶貝？

嘿，東方朔果然認得，告訴漢武帝，那個寶珠叫做「洞穴珠」，而海螺殼裡那個像牛脂一樣的東西叫做「蛟龍髓」，對於催產有奇效，同時又是美容聖品，如果用來敷面，能使皮膚光鮮細緻，而且是立刻奏效。

（東方朔還懂得「敷臉」耶，厲害吧！）

當時，巧得很，後宮正好有妃子難產，於是漢武帝就叫人把這個蛟龍髓拿去催產，果然十分靈驗。

漢武帝又問：「那個寶珠為什麼叫做『洞穴珠』？有什麼特殊的來歷嗎？」

東方朔回答：「是啊，因為河底有一個很深的洞穴，至少有數百丈那麼深，洞穴裡有一個紅色的大蚌，這個寶珠就是這個大蚌生的，所以就叫做『洞穴珠』。」
據說武帝聽了以後，對於東方朔的學識如此淵博，十分的佩服。

國家圖書館出版品預行編目資料

中國妖怪故事：雜怪篇／管家琪文；LOIZA圖．
--初版．--臺北市：幼獅，2015.08
面；　公分. --（故事館；036）

ISBN 978-986-449-007-3（平裝）
1.妖怪 2.通俗作品 3.中國

298.6　　104012067

・故事館036・

中國妖怪故事：雜怪篇

作　　者＝管家琪
繪　　者＝LOIZA
出 版 者＝幼獅文化事業股份有限公司
發 行 人＝李鍾桂
總 經 理＝王華金
總 編 輯＝劉淑華
副總編輯＝林碧琪
主　　編＝林泊瑜
編　　輯＝周雅娣
美術編輯＝李祥銘
總 公 司＝(10045)臺北市重慶南路1段66-1號3樓
電　　話＝(02)2311-2832
傳　　真＝(02)2311-5368
郵政劃撥＝00033368

門市
・松江展示中心：(10422)臺北市松江路219號
電話：(02)2502-5858轉734　傳真：(02)2503-6601

印　刷＝崇寶彩藝印刷股份有限公司
定　價＝250元
港　幣＝83元
初　版＝2015.08
書　號＝987232

幼獅樂讀網
http://www.youth.com.tw
e-mail:customer@youth.com.tw

行政院新聞局核准登記證局版臺業字第0143號

幼獅文化公司／讀者服務卡／

感謝您購買幼獅公司出版的好書！
為提升服務品質與出版更優質的圖書，敬請撥冗填寫後（免貼郵票）擲寄本公司，或傳真（傳真電話02-23115368），我們將參考您的意見、分享您的觀點，出版更多的好書。並不定期提供您相關書訊、活動、特惠專案等。謝謝！

基本資料

姓名：……………………先生／小姐

婚姻狀況：□已婚 □未婚　職業：□學生 □公教 □上班族 □家管 □其他

出生：民國……………年……………月……………日

電話：（公）……………（宅）……………（手機）……………

e-mail：……………………

聯絡地址：……………………

1.您所購買的書名：**中國妖怪故事：雜怪篇**

2.您通常以何種方式購書?：□1.書店買書 □2.網路購書 □3.傳真訂購 □4.郵局劃撥
（可複選）□5.幼獅門市 □6.團體訂購 □7.其他

3.您是否曾買過幼獅其他出版品：□是，□1.圖書 □2.幼獅文藝 □3.幼獅少年
□否

4.您從何處得知本書訊息：□1.師長介紹 □2.朋友介紹 □3.幼獅少年雜誌
（可複選）□4.幼獅文藝雜誌 □5.報章雜誌書評介紹……………報
□6.DM傳單、海報 □7.書店 □8.廣播(　　　　)
□9.電子報、edm □10.其他……………

5.您喜歡本書的原因：□1.作者 □2.書名 □3.內容 □4.封面設計 □5.其他

6.您不喜歡本書的原因：□1.作者 □2.書名 □3.內容 □4.封面設計 □5.其他

7.您希望得知的出版訊息：□1.青少年讀物 □2.兒童讀物 □3.親子叢書
□4.教師充電系列 □5.其他

8.您覺得本書的價格：□1.偏高 □2.合理 □3.偏低

9.讀完本書後您覺得：□1.很有收穫 □2.有收穫 □3.收穫不多 □4.沒收穫

10.敬請推薦親友，共同加入我們的閱讀計畫，我們將適時寄送相關書訊，以豐富書香與心靈的空間：

(1)姓名……………e-mail……………電話……………

(2)姓名……………e-mail……………電話……………

(3)姓名……………e-mail……………電話……………

11.您對本書或本公司的建議：

廣 告 回 信
臺北郵局登記證
臺北廣字第942號

請直接投郵　免貼郵票

10045 臺北市重慶南路一段66-1號3樓

幼獅文化事業股份有限公司

請沿虛線對折寄回

客服專線：02-23112832分機208　傳真：02-23115368

e-mail：customer@youth.com.tw

幼獅樂讀網http：//www.youth.com.tw